Luis Cortés Rodríguez

El discurso político:
comentario y ejercicios
(I)

ARCO/LIBROS, S. L.

CUADERNOS DE
Lengua Española
Dirección: L. Gómez Torrego

© by Arco/Libros-La Muralla, S. L., 2022
Juan Bautista de Toledo, 28. 28002 Madrid
ISBN: 978-84-7133-876-1
Depósito legal: M-23.372-2022
Printed in Spain - Impreso por Cimapress, S. L. (Madrid)

> La generosidad no consiste tanto en lo que se da
> cuanto en el afecto con que se da.

Conste mi agradecimiento
al Dr. Leonardo Gómez Torrego, al Dr. Juan Luis López Cruces
y a D. Luciano Elizaincín,
ejemplos para mí, por motivos diversos, de personas
entrañablemente generosas.
Hablando de generosidad: siempre tú, María del Mar.

ÍNDICE

Presentación 7

1. Teoría 11
   1.1 Sobre discurso político. Apunte previo 11
   1.2 El comentario de textos políticos y sus límites 13
      1.2.1 *Condicionantes* 14
         1.2.1.1 Condicionantes lectales, de medio o modalidad y de grado de conciencia lingüística 14
         1.2.1.2 Condicionantes funcionales, situacionales e ideológicos 15
      1.2.2 *Realizaciones* 18
         1.2.2.1 Mecanismos intensificadores 19
         1.2.2.2 Mecanismos enmascaradores 25
         1.2.2.3 Mecanismos arquitectónicos 28
      1.2.3 *Incidencias* 33
         1.2.3.1 Cuestiones previas 33
         1.2.3.2 Aplausos 34
         1.2.3.3 Rumores y protestas 37
         1.2.3.4 Risas y voces 40

2. El comentario de texto: los condicionantes en el discurso 43
   2.1 El discurso comentado: Pablo Casado y la moción de censura 43
   2.2 Condicionantes 44
      2.2.1 *Condicionantes lectales, de medio o modalidad y de grado de conciencia lingüística* 44
      2.2.2 *Condicionantes, funcionales, situacionales e ideológicos* 46

3. Ejercicios sobre condicionantes 53
   A.- Cuestiones sobre formalidad y registro 53
   B.- Cuestiones sobre modalidad y género 55
   C.- Cuestiones sobre contexto y grado de conciencia lingüística 59

Glosario 63
Bibliografía 75

PRESENTACIÓN

No pudimos ver en directo, el día veintidós de octubre de 2020, el discurso pronunciado por Pablo Casado, líder del Partido Popular, en el acto de moción de censura presentada por la formación política Vox contra Pedro Sánchez, presidente del Gobierno de España. La actuación del orador, que duró alrededor de treinta y cinco minutos, recibió los mayores elogios en los medios de comunicación, salvo en alguno afín a las ideas de Vox, partido político cuyo presidente, Santiago Abascal, fue atacado con dureza por el líder popular. No solo los correligionarios de este y la prensa juzgaron muy favorablemente el citado discurso, sino que, incluso, fue calificado de «brillante, aunque tardío», por un rival político como Pablo Iglesias, vicepresidente segundo del Gobierno y máximo representante de Unidas Podemos. Tan excelente estimación fue la que despertó nuestro interés y, más tarde, nos llevó a intentar su comentario, objetivo tanto de este volumen I, que ahora presentamos, como del volumen II, que completa lo aportado aquí.

Con ambos volúmenes, tenemos la intención de acercarnos, lo más posible, al mejor conocimiento de los mecanismos empleados en los discursos políticos, concretamente en los discursos parlamentarios. Para tal acercamiento, nada hemos considerado más oportuno que el tradicional comentario de textos, al que acompañarán los no menos tradicionales ejercicios de repaso, labores ambas tan arraigadas en el ámbito de la docencia.

Todo lo dicho ya sugiere que estamos ante un intento en el que, a partir del aludido discurso de Casado, subyace la idea de aspirar a que parezca menos complicado lo que, a veces, puede resultarlo; de visibilizar lo que, en ocasiones, se quiere ocultar; de desnudar lo que, de vez en cuando, se anhela vestir con interesados ropajes. Para este empeño, hemos evitado cualquier tipo de disquisición teórica y, asimismo, reducido al máximo citas y notas a pie de página. Y todo, repetimos, solo con la pretensión de que nuestro contacto con el citado lenguaje político sea más cercano, más próximo y más sencillo para el lector.

Consta el libro de tres partes. En la primera, más amplia por ofrecer las cuestiones teóricas de este y del siguiente librito, se presentan aspectos básicos de las dos cuestiones prioritarias del trabajo: algunas consideraciones acerca del lenguaje político y sobre cuáles podrían ser los límites de un comentario como el que aquí afrontamos. En el primer caso, en un apunte previo, tratamos de lo heterogéneo y diferente que, tanto por el contexto como por el tiempo en que se emita, puede resultar dicho lenguaje. En el segundo, con mayor amplitud, fijamos los límites, los cuales se han de asociar con aquellos elementos que hagan que un discurso sea único e irrepetible. Y esto dependerá de una serie de *condicionantes* (de modalidad, lectales, funcionales, ideológicos, etc.) que determinan, en gran manera, que las *realizaciones* (lo emitido) sean las que son al restringir la selección de sus mecanismos. Dicho de otro modo, los *condicionantes* ciñen las posibilidades que, *a priori*, se supone que tiene un sistema lingüístico para consumar cualquier resolución, que será lo producido, lo que oímos, lo que vemos, lo que llega hasta nosotros y que luego podrá ser objeto del comentario. Finalmente, al tratarse, el nuestro, de un discurso parlamentario, surge para el análisis un elemento especial, las *incidencias*. Entendemos por tales las respuestas (aplausos, voces, protestas, etc.) con que los parlamentarios acogen lo dicho por el orador. Aunque con brevedad, de todo ello se tratará en esta primera parte.

De una de las tres partes del comentario (los *condicionantes*) nos hemos ocupado en la segunda parte de este primer libro. En ella, analizamos la influencia que estos (el nivel sociocultural, la ideología, la conciencia lingüística, el contexto en que se plasma su actuación, etc.) van a tener en el discurso de Pablo Casado. Queda para el volumen II el análisis de las *realizaciones* y de las *incidencias*.

A distintos ejercicios sobre tales *condicionantes*, la cuestión tratada, se dedica la tercera parte. Se efectúan preguntas y se dan respuestas acerca del peso que en cualquier discurso tienen aspectos como la formalidad y los registros o el grado de conciencia lingüística.

Un pequeño glosario, con el significado que damos a determinados términos en el libro, precede a la bibliografía.

La pretensión al escribir estos dos volúmenes es poder dirigirnos a un grupo diverso de lectores, grupo que podría abarcar de docentes de diferentes niveles de enseñanza a estudiantes de Filología y Ciencias de la Información, sin olvidar a cualquier persona interesada en saber cuáles son los mecanismos que se emplean en el lenguaje político y sus posibles intenciones. Si resulta que, al finalizar su lectura, quienes hasta allí hayan llegado percibieran una mayor curiosidad a la hora de interpretar un discurso político, al menos si este es parlamentario, nuestra iniciativa habrá valido la pena. O eso creemos.

Capítulo 1

TEORÍA

1.1. Sobre discurso político. Apunte previo

1.1.1 El discurso político constituye un campo de estudio que no es homogéneo, de manera que las consideraciones que se puedan hacer para algunos de sus géneros y subgéneros no valdrán para otros, como tampoco mucho de lo dicho para épocas pasadas servirá para esta.

Con respecto a la primera cuestión, no será lo mismo un mitin político que un discurso emitido, por ejemplo, durante un debate del estado de la nación. Así, en el mitin, el político está ante unos fieles seguidores y se podrá permitir dar más importancia a sus creencias que a la realidad de los datos. Su actuación se impregnará de una mayor subjetividad, pues, mediante tales creencias, intentará persuadir a los asistentes e inducirlos a reforzar algo de lo que todos están ya previamente convencidos o, al menos, tienen aspiraciones de estarlo. Por el contrario, un discurso de un presidente del Gobierno o de un líder de la oposición en un debate del estado de la nación está sujeto a la respuesta de sus oponentes políticos. Esto hace que las artes persuasivas, basadas en la subjetividad de determinadas doctrinas, aunque no van a desaparecer —pues forman parte de la esencia de lo político—, se han de acompañar de razones que puedan llevar a los interlocutores, especialmente a los externos (telespectadores, radioyentes, etc.), a aceptar algunas realidades que los hagan cambiar o reforzar, según los casos, sus opiniones. Frente al dominio aplastante de la subjetividad de un género (mitin), tal condición se mezclará con las pruebas en el otro (discurso en un debate del estado de la nación). Las dotes persuasivas esenciales en el primer caso, en este otro, aunque siempre presentes, irán acompañadas de componentes distintos. Igualmente, dentro de un debate del estado de la nación, siguiendo con las diferencias, poco tendrán que ver los discursos iniciales de los representantes de las distintas fuerzas, discursos previamente escritos para ser oralizados, con los enfrentamientos directos, cara a cara, que posteriormente mantengan unos con otros.

En el segundo asunto, el que atañe a los diferentes períodos de la historia, parece claro que en nuestros días los hábitos y preferencias en cuanto al lenguaje público y privado son muy distintos con respecto a la considerada época dorada del parlamentarismo oratorio en España (segunda mitad del siglo XIX y primera parte del XX). Hoy, hablamos tan despectiva como erróneamente de una vieja retórica decimonónica que se considera como huera, vacía y desfasada. El error de tal interpretación está en la creencia de que el estilo más sencillo de nuestros días es menos retórico; y es así porque tal juicio acarrea el desconocimiento de que *lo retórico* es solo el intento de utilizar la lengua para influir en otras personas, sin que tenga que asociarse con lo artificial y vano ni con lo teatral y afectado.

Se cree firmemente, por otro lado, que el tiempo de los oradores ha pasado y ha dejado su lugar al de los 'comunicadores', figura tan ensalzada en todos los medios. No creemos, sin embargo, que existan mejores 'comunicadores' que algunos de los grandes parlamentarios tanto de esa época dorada a la que aludíamos (Cánovas del Castillo, Martos, Salmerón, Castelar, Moret, Alcalá-Zamora) como de nuestro período democrático posterior al franquismo (Carrillo, González, Herrero de Miñón, Erkoreka, Rubalcaba, etc.). Lo que sí parece cierto es que cada vez más nuestros políticos, salvo afortunadas excepciones, se refugian en discursos que, si bien están lejos del recargamiento y teatralidad decimonónicos, resultan poco convincentes y escasamente vívidos.

Además de lo apuntado, y entre otras diferencias, hay una irrevocable: la posibilidad de controlar, analizar y rebatir lo dicho no es la misma en la época de Aristóteles que en el siglo XIX ni en este que en nuestros días. La aparición del magnetófono, en un primer momento, y de posteriores medios de grabación en nuestros días supone la posibilidad de crítica y ridiculización constantes de cualquier discurso emitido, se aparte o no de la razón. Las palabras ya no se las lleva el viento. Por ello, un discurso parlamentario actual, aunque emplee los mismos mecanismos estratégicos que el de hace siglos −series enumerativas, contrastes, preguntas retóricas, etc.−, ha de recurrir en mayor medida que entonces a los datos, es decir, a las cifras demostrativas de realizaciones, a los decretos y leyes promulgados, etc., si se quiere añadir veracidad a lo dicho. Sin rechazar totalmente la idea de que esos datos y cifras puedan ser falsos, será esta parte, generalmente, la que otorgue convicción, al margen de cuál sea su ideología, al receptor del discurso. Cierto es que junto a ella,

TEORÍA

en mayor o menor medida según el tipo de género y subgénero, difícilmente faltará esa otra parte a la que antes aludíamos: la que pretende persuadir sin datos, sin cifras, sino con razonamientos, con la fuerza de la persuasión, con fragmentos llenos de mecanismos con los que no se busca la verdad, sino la veracidad. No se trata de decir lo que es cierto, sino lo que se cree cierto y que los otros también deben considerar como cierto.

1.1.2 Pero, sea el discurso político de un género u otro, sea de una época u otra, hay algo que está en su esencia, que es como la razón que lo justifica por encima de las demás: el *dar a conocer* con objeto de *hacer hacer* a quienes lo escuchen. El político tendrá que hacer saber su mensaje si aspira a que el destinatario ejerza sus posibilidades de *hacer* (adherirse a su idea, votar a su favor). Para conseguir estos fines, se ha de intentar persuadir al interlocutor, pretender la veracidad, lo que resultará más factible si el orador se ayuda, convenientemente, de ciertos mecanismos: unos darán relieve a las ideas expuestas; otros se ocuparán de enmascararlas, otros han de pretender decir sin querer decir o, incluso, habrá otros que se ocupen de la proporcionada arquitectura en la presentación del discurso, es decir, de una acertada disposición de sus partes y entre sus partes. Son los mismos mecanismos de los que ya se valieron los oradores griegos, que repitieron Castelar o Cánovas, González o Fraga, Rajoy o Iglesias, y que volverán a repetirse en próximos acontecimientos políticos donde se emita un discurso. ¿Y cuáles son esos mecanismos? De ellos, obviamente, trataremos a lo largo de todo el trabajo, si bien lo haremos en primer lugar al intentar responder a la pregunta ¿dónde están los límites de un comentario político?, pues solo tras su fijación se nos abrirá la posibilidad de conocer, dentro de estos límites, qué aspectos, incluidos los mecanismos citados, han resultado más fructíferos para que el discurso se muestre tal y como es.

1.2 El comentario de textos políticos y sus límites

Los aspectos que pueden afrontarse en el comentario de un texto no son fáciles de delimitar. En todo caso, la preponderancia de uno de estos aspectos o de otro dependerá del tipo de texto, o sea, de su modalidad (oral, escrita, electrónica), de su registro (formal, coloquial, técnico formal, etc.), de su campo de acción (político, publicitario, didáctico, etc.), de la disciplina de la que parta el investigador (filológica, lingüística, filosófica, histórica, etc.), etcétera. Dicho esto, ante un texto cualquiera y previamente a la selección de algunas de estas particularidades, cabe preguntarse: ¿con cuáles de ellas se puede enfrentar un estudioso del discurso?, ¿cuáles serían de interés para su comentario?

Partimos de una idea esencial: en cualquier discurso confluyen dos tipos de peculiaridades, las cuales han de constituir posibles objetos de estudio: los *condicionantes* y las *realizaciones*, ya esbozadas en un comentario anterior sobre un discurso de Rajoy (Cortés, 2008) y considerablemente ampliadas en este volumen y en el siguiente. Además, en el caso particular de nuestro análisis, un discurso político parlamentario, habrá que hablar de una tercera peculiaridad, que tiene que ver con las respuestas, positivas o negativas, de los interlocutores presentes y que hemos denominado *incidencias*.

1.2.1 Condicionantes

Los *condicionantes* se han de asociar con la *variación externa*. Son previos al plano material discursivo, es decir, al discurso objeto de nuestro análisis, si bien lo determinan en gran manera. Quien pretenda analizar un discurso tendrá ante sí un texto que lee, una audición que escucha o un vídeo que ve y escucha, es decir, un fragmento de lenguaje en uso, verbal y no verbal. Y este ha venido determinado por unas 'circunstancias externas' que se dan, bien en el autor del discurso (nivel sociocultural, ideología, profesión, etc.), bien en el contexto situacional (modalidad o medio, género, registro, etc.). Son los condicionantes. Así, de una persona de izquierdas cabe esperar un discurso distinto al de una persona de derechas; de una persona culta corresponde imaginar que ha de ser diferente al de una que sea inculta; un discurso escrito ofrecerá mecanismos muy distintos al de uno oral, etc. Nosotros hemos agrupado estos condicionantes en seis apartados, que, con brevedad, vamos a presentar en dos epígrafes de tres.

1.2.1.1 Condicionantes lectales, de medio o modalidad y de grado de conciencia lingüística

Los *condicionantes lectales* están motivados por una serie de circunstancias que se dan en el autor del discurso: *a*) dialectal (según el territorio de nacimiento y vida); *b*) sociolectal (nivel sociocultural, edad, sexo); *c*) tecnolectal (profesión); *d*) etnolectal (formas y rituales de vida), y *e*) antropolectal. Esta última circunstancia, quizás más complicada, cabe aplicarla a los diferentes efectos discursivos interpretativos en los distintos territorios en que se habla el español. Por ejemplo, los argentinos tendrán formas distintas de entender el humor y de expresarlo que los españoles; asimismo, los mexicanos aplicarán mecanismos distintos de cortesía que los uruguayos, etc. Y todos hablan español.

Por otro lado están los *condicionantes de medio o modalidad*. Con ellos, se hace referencia a las diferentes posibilidades que se darán en un discurso según su forma de expresión sea escrita, oral o eléctrico/electrónica. A modo de apunte, podemos decir que, entre otros, aspectos relacionados con la imagen (verbal y no verbal), con la función de los expletivos, con lo paraverbal y lo kinésico serán propios del análisis de una modalidad (oral) y no de otra (escrita). En principio, lo dinámico y momentáneo frente a lo estático y permanente, los patrones paractáticos frente a los hipotácticos, la inmediatez comunicativa frente a la distancia comunicativa, lo espontáneo frente a lo planificado o la gestualidad frente a su ausencia serán, entre otros, rasgos diferenciadores extremos de un discurso oral y un discurso escrito. En medio, lo eléctrico/electrónico.

La mayor, menor, escasa o nula preocupación del hablante/escritor por los aspectos formales de su actuación lingüística incidirá, en gran manera, en el discurso que tengamos ante nosotros. Estamos hablando del condicionante *grado de conciencia lingüística*. Es indudable que la presencia, mayor o menor, o la ausencia de conciencia lingüística determinará en buena parte la selección verbal y no verbal y, consecuentemente, una gran distancia, entre otros muchos aspectos, en la selección léxica, en el empleo de mecanismos como los contrastes, las series enumerativas, la repetición intencionada de determinados vocablos, en el uso de las pausas, en la buena utilización de las herramientas no verbales (gestos, manos, etc.) o en el mayor o menor empleo, por ejemplo, de muletillas, anacolutos o enunciados inacabados.

1.2.1.2 Condicionantes funcionales, situacionales e ideológicos

Los *condicionantes funcionales* vienen marcados por el género discursivo (sermón, entrevista, clase en el aula, etc.), por el registro (coloquial, técnico-próximo, técnico-distante, etc.) y por el campo de acción (político, publicitario, periodístico, etc.).

En cuanto al *género*, el primer condicionante funcional, cabe decir que, en el discurso oral, podemos hablar de tres grandes macrogéneros: la conversación, el interrogatorio y la alocución; cada uno de ellos abarca determinados géneros, de los que a su vez podrán depender subgéneros. Imaginemos la ubicación de una conferencia: pertenecerá al macrogénero alocución, igual ocurre con la lección, el sermón, el mitin, el discurso parlamentario, etc., todos ellos géneros alocutivos. Algunos de estos, a su vez, darán lugar a una serie de subgéneros; por ejemplo, el género discurso comprenderá, entre otros, subgéneros tales como: *a)* discurso de ingreso en una institución; *b)* discurso inaugural; *c)* discurso de despedida o *d)* discurso parlamentario. Igualmente ocurrirá con otros géneros, como la lección: *a)* lección magistral; *b)* lección inaugural; *c)* lección escolar, etc. El *registro*, el segundo condicionante funcional, también va a 'ajustar' la posibilidad de elección que tendrá el hablante, según que aquel sea familiar, coloquial, técnico-próximo, técnico-distante y solemne, cuyos rasgos pudimos ver en el cuadro siguiente, sacado de Cortés (2008: 23)

	Familiar	Coloquial	Formal medio	Técnico-próximo	Técnico-distante	Solemne
Campo	General	General	General	Específico	Específico	Específico
Grado de formalidad contextual	Mínimo	Reducido	Variable	Variable	Máximo	Máximo
Grado de regulación de la situación	Prefijado/ recíproco	Prefijado/ recíproco	Prefijado/ no recíproco	Prefijado/ no recíproco	Protocolario	Adaptado
Tipo de actividad	Cara/cara	Cara/cara	Cara/cara	Presencial	Presencial	Presencial
Nivel de audiencia	Privado	Privado	Privado	Institucional	Público	Variable

Cuadro N.º 1. Los registros, su tipología y rasgos

Dos hechos originan los llamados *condicionantes situacionales*. Atienden, por un lado, al estado de comunicación de los sujetos que intervienen en el acto comunicativo, o sea, a si las relaciones entre hablante e interlocutor son simétricas o asimétricas, es decir, si los dos están en relación de igualdad o de dependencia clara de uno con respecto a su interlocutor. Por otro lado, tales condicionantes atienden a la denominada *escena de la enunciación*, la cual nos presenta un estatus claro de los participantes: el emisor, los destinatarios directos y las distintas voces del hablante: la persona que habla, la persona discursiva, etc.

TEORÍA

Por último, los *condicionantes ideológicos* vendrán determinados por las creencias del hablante/escritor: derechas, izquierdas, ateo, católico, etc. El lenguaje no es neutro, entre otras cosas porque quien habla deja en su discurso huellas de su propia enunciación y revela así su presencia subjetiva. Por ello, la ideología de las personas condiciona, sin duda, la elección de sus formas de expresión, o mejor, va a adecuarlas a sus creencias —aunque a veces no lo quieran manifestar—. Asimismo, no puede ser ajeno al estudioso cómo actúan las relaciones de poder en un tipo determinado de discurso, periodístico, político, etc., ni cómo dichas relaciones y la lucha de poder conforman y transforman la práctica discursiva de una sociedad. Hay corrientes, como el Análisis crítico del discurso, que tienen como rasgo diferenciador y esencial dirigir su trabajo a problematizar el poder. Ha sido en esta línea de investigación donde surgieron los trabajos más virulentos en la concepción del condicionante ideológico.

No podemos olvidar que buena parte de los vocablos, las estructuras y los mecanismos discursivos empleados en las *realizaciones* vendrán determinados por dichos *condicionantes*. Veamos el cuadro siguiente donde se apunta el conjunto de estos, que, como decíamos, hemos de asociar con lo que podemos denominar *variación externa*:

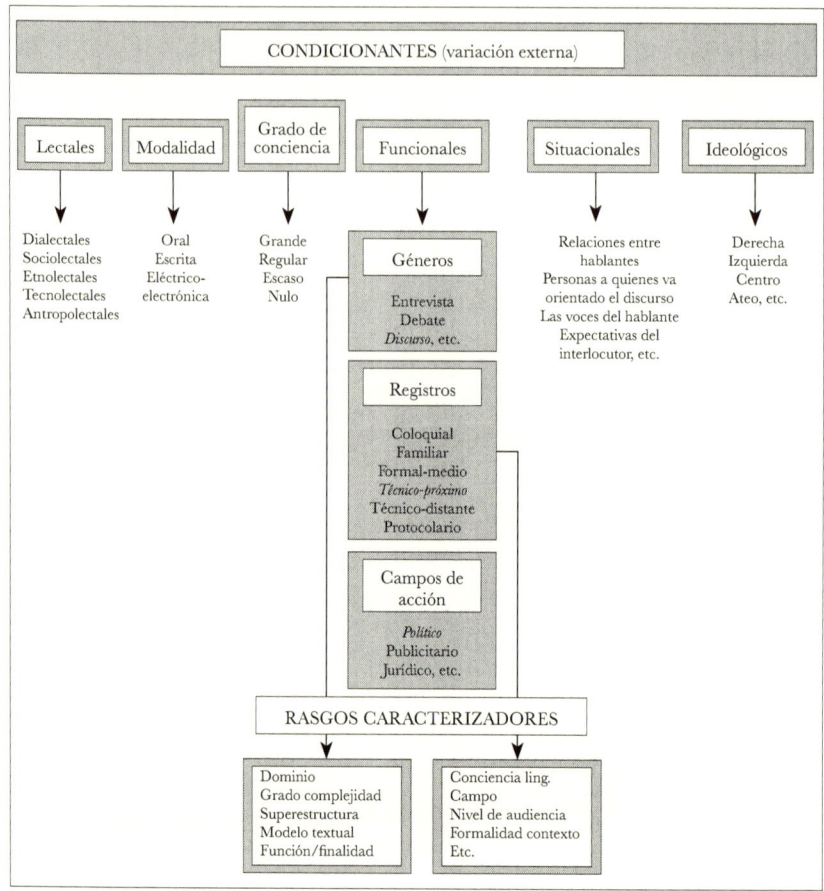

CUADRO N.º 2. Condicionantes o variación externa

1.2.2 *Realizaciones*

Las *realizaciones* hemos de aunarlas con la *variación interna*. Su análisis representa la parte central de cualquier comentario de textos. Se manifiestan en lo que el estudioso del discurso tiene delante de sí, o sea, en lo que ve, lee u oye, sea un chiste, un discurso parlamentario, una carta o un debate. Eso mismo que se ve y se escucha será siempre el resultado, por un lado, de los *condicionantes*, ya citados, y, por otro, de una selección, entre las posibilidades que ofrece el sistema de una lengua. Tales realizaciones se nos presentan mediante, obviamente, unas *formas* (adverbios, marcadores del discurso, entonaciones, gestos, pronombres personales, etc.) y, lo que más interesará a nuestro comentario, unos *mecanismos,* que se emplean para que esas formas digan como quiere el hablante o escritor que digan. Vamos a distinguir tres tipos de mecanismos: *intensificadores, enmascaradores* y *arquitectónicos*.

1.2.2.1 Mecanismos intensificadores

El político de turno pretenderá poner de relieve determinadas ideas; para ello, va a hacer un uso especial del lenguaje en ciertos momentos de su discurso recurriendo a determinados mecanismos *intensificadores*. Estos se darán en mayor número en los inicios y, sobre todo, en los cierres, donde las series enumerativas, los contrastes, las curvas entonativas, etc., tendrán gran importancia. Así, a modo de ejemplo, De Gracia (2001: 185) describía el modo en que Castelar (junio de 1870) pretendía hacer más brillante ese momento tan señalado en la intervención de un político:

> El final del discurso llega con extensos períodos limitados por exclamaciones. Castelar quiere lograr con ellos intensificar al máximo las emociones y los sentimientos de sus oyentes. Las curvas de entonación arrasan a la frase enunciativa y busca, desesperadamente, a través del halago sumar voluntades a su deseo.

Por su frecuencia en el discurso político, objeto de nuestro análisis, nos centraremos en estos siete mecanismos intensificadores: repetición, serie enumerativa, pregunta retórica, concesión, contraste, ironía y lo kinésico/proxémico.

a) *Repetición*. Es frecuente que el político aluda constantemente a términos como «libertad», «revolución», «seguridad», «democracia», «crisis», «educación», «asistencia sanitaria», «nación», «país», etc. El valor de estos vocablos («rescate», «recorte», fascista», «ultraderecha», «populista», «izquierda radical», «orden», «cordón sanitario», etc.) está condicionado, entre otros motivos, por que quienes los utilicen pertenezcan a la derecha, a la izquierda y estén en el poder o en la oposición. Ese empleo del léxico, que podemos denominar *mecanismo ideológico-discursivo*, nos interesa ahora menos. Sí, en cambio, merecerá más nuestro interés otro tipo de repetición: la del mismo vocablo en un mismo fragmento, repetición que vamos a denominar *mecanismo enfático-discursivo*. Este uso último se presenta mediante la recreación por parte del autor, en determinados momentos de su discurso, de un vocablo o reducido sintagma con cuya repetición se aspira a que el concepto quede manifestado con claridad para sus interlocutores. Por ello, es normal que estas repeticiones también se suelan ubicar en lugares destacados. Así, en 2011, en su discurso inicial en el debate del estado de la nación, Rodríguez Zapatero, consciente de que era su último discurso como presidente del Gobierno de España, quiere destacar, por encima de los demás comportamientos, su condición de persona respetuosa:

> (1) De ahí que mi actitud siempre que he subido a hacer un debate sobre el estado de la Nación haya sido *de respeto*. *De respeto*, en primer lugar, a los ciudadanos, a quienes nos debemos; *de respeto* a esta institución, a la Cámara que encarna la soberanía popular; *de respeto* a todos los grupos y a sus señorías. Ese *respeto* es aún más profundo, para mí, a mi país, a España, sobre la que expreso mi más absoluta confianza en su futuro […] Mi *respeto* a todos los grupos y mi gratitud a aquellos que han colaborado. Y al Grupo Socialista, mi más profunda gratitud por su lealtad, por su compromiso y por su responsabilidad, el sentido de la responsabilidad que se espera de todos nosotros hoy, mañana y todos los días del futuro. Gracias [Rodríguez Zapatero, 2011].

b) *Serie enumerativa*. Es el mecanismo más empleado en el discurso político. Si afirmamos que la *serie enumerativa* es una estructura repetitiva en la que determinados elementos, dos, tres, cuatro o más, mantienen una relación textual, simétrica y equifuncional con la que se pretende incidir enfáticamente en una idea, posiblemente quienes lo lean no puedan tener una concepción clara, ni mucho menos, de qué es exactamente la aludida *serie enumerativa* (Cortés, ed., 2008). Para hacer más accesible su conocimiento, así como su significativa función discursiva, comenzaremos con la aportación de varios ejemplos de los dos tipos de series: *lineal* y *paralelística*. Veamos este fragmento de la opinión de la vicepresidenta del Gobierno de España, Soraya Sáenz de Santamaría, con respecto al entonces presidente de Cataluña, el Sr. Puigdemont:

> (2) Cada mensaje del Sr. Puigdemont es *un nuevo desasosiego, una nueva intranquilidad, un viaje a ninguna parte* [Soraya Sáenz de Santamaría, 2017].

Observaremos que a partir de un componente común, «Cada mensaje del Sr. Puigdemont es», componente que vamos a denominar *matriz*, se desarrollan tres elementos: «un nuevo desasosiego», «una nueva intranquilidad» y «un viaje a ninguna parte». Entre ellos, la relación es de yuxtaposición, aunque también lo podría haber sido de adición o de disyunción. Son los *elementos* de la serie enumerativa con los que se pretende tanto la progresión temática del discurso como el refuerzo del tema inicial representado por la matriz. Cada uno de esos elementos es una especie de 'aldabonazo' con el que se persigue enfatizar la negatividad que encierran los mensajes del entonces presidente catalán:

>(2') Cada mensaje del Sr. Puigdemont es
>*un nuevo desasosiego*
>*una nueva intranquilidad*
>*un viaje a ninguna parte.*

Estamos ante lo que denominamos una *serie enumerativa lineal*.

Junto a este tipo de serie, está la *serie paralelística*. Veamos el siguiente fragmento emitido por Pedro Sánchez durante la moción de censura contra el presidente Rajoy en 2018:

>(3) ¿*No basta con que* su partido sea condenado como responsable a título lucrativo por las maniobras que constatan que acudió dopado a las elecciones generales? ¿*No basta con que* en la misma semana en que conocemos esa sentencia su propio portavoz parlamentario hasta el año 2008 haya ingresado en prisión por supuestos delitos de corrupción tan graves como el blanqueo de capitales o el cohecho? (Aplausos). ¿*No basta, señor Rajoy, con* la acumulación de más de novecientos cargos públicos imputados por corrupción, incluyendo presidentes de diputación, diputados, senadores, consejeros autonómicos y alcaldes. ¿*No basta con que* doce de los exministros con los que usted compartió el gabinete del señor Aznar como presidente del Gobierno estén investigados, procesados o encarcelados? *No basta con* que lo estén tres exministros de su propio Gobierno, señor Rajoy? ¿*No basta con que* lo estén nueve expresidentes autonómicos del Partido Popular? ¿*No basta con* el hecho de que su partido sume más investigados, procesados y condenados que ninguna otra formación política en la Unión Europea? [Sánchez, 2018].

La *serie paralelística* está formada por fragmentos discursivos, cada uno de los cuales tiene contenido propio y que, por tanto, podemos denominar actos discursivos, unidades incluidas dentro de otra superior, el enunciado. El refuerzo enfático que se expresa en tales series procede de la repetición de algunos términos (uno o más) en todos sus componentes. Cada uno de estos actos tiene una parte común, que es la que propicia el énfasis. En este ejemplo citado, cada acto discursivo comienza con ¿*no basta con que*...? y su segmentación en actos discursivos (elementos) sería esta:

>(3') ¿*No basta con que* su partido sea condenado como responsable a título lucrativo por las maniobras que constatan que acudió dopado a las elecciones generales?
>
>¿*No basta con que* en la misma semana en que conocemos esa sentencia su propio portavoz parlamentario hasta el año 2008 haya ingresado en prisión por supuestos delitos de corrupción tan graves como el blanqueo de capitales o el cohecho? (**Aplausos**).

> *¿No basta, señor Rajoy, con* la acumulación de más de novecientos cargos públicos imputados por corrupción, incluyendo presidentes de diputación, diputados, senadores, consejeros autonómicos y alcaldes?
>
> *¿No basta con que* doce de los exministros con los que usted compartió el gabinete del señor Aznar *como presidente del Gobierno estén investigados, procesados o encarcelados?*
>
> *¿No basta con* que lo estén tres exministros de su propio Gobierno, señor Rajoy?
>
> *¿No basta con que* lo estén nueve expresidentes autonómicos del Partido Popular?
>
> *¿No basta con* el hecho de que su partido sume más investigados, procesados y condenados que ninguna otra formación política en la Unión Europea?

c) *Pregunta retórica*. Se trata de preguntas que no esperan respuesta. Son propias del discurso parlamentario. Sirven de excusa para que quienes las hacen puedan enfatizar sus propias ideas. Así ocurre cuando el líder del partido político Ciudadanos, Albert Rivera, se dirige al presidente del Gobierno de España, Mariano Rajoy, y le inquiere sobre «¿Por qué los españoles, junto con Grecia, somos el país con más paro?»:

> (4) ¿Por qué los españoles, junto con Grecia, somos el país con más paro? ¿Hemos hecho algo los españoles o es que nuestras políticas activas de empleo, nuestros modelos de contrato laboral, nuestro modelo laboral no funcionan? ¿Hemos hecho algo mal los españoles? [Rivera, 2016].

Es evidente que lo único que pretende Rivera es preparar su idea con respecto a cuál podría ser la respuesta a su pregunta, respuesta que se ve reforzada tras la pregunta retórica. Es, en consecuencia, una estrategia comunicativa que sirve para enfatizar aquello que el político quiere resaltar, a la par que priva a su interlocutor de la posibilidad de cualquier respuesta (Burguera-Serra, 2009).

d) *Concesión*. A veces conviene al político reconocer sus propias limitaciones o ser condescendiente con el adversario y otorgarle parte de la razón en el asunto sobre el que se está discutiendo y de esa manera dar mayor veracidad a una segunda parte, que es la que él quiere resaltar. Por ejemplo, Pedro Sánchez, en el enunciado que sigue, reconoce que son muchos —sin excluir a políticos destacados de su mismo partido— quienes no están de acuerdo con que para su investidura pacte con una fuerza política como Ciudadanos. Con el objetivo de intentar tranquilizar a esas y otras muchas personas, utiliza la concesión. Y lo hace aceptando la existencia de estas opiniones contrarias, con objeto de plantear su argumento:

> (5) *Supongo que habrá quien plantee que la dificultad no está en lo que nos une, aunque sea mucho, sino en lo que nos separa*. Pienso honestamente que, si creemos realmente en la democracia, si somos auténticamente demócratas, las diferencias entre ideologías no pueden ser nunca un problema. La diferencia, en democracia, debe ser objeto de debate, de diálogo, pero nunca de confrontación. Nunca de ruptura [Sánchez, 2016].

Su tesis (debate, diálogo y no confrontación) resulta reforzada tras dicho reconocimiento:

> (5') Las diferencias entre ideologías no pueden ser nunca un problema. La diferencia, en democracia, debe ser objeto de debate, de diálogo, pero nunca de confrontación. Nunca de ruptura.

En otras ocasiones, la *concesión* la plantea el orador dejando entrever que podría dar muchos argumentos que lo favorecerían, pero que solo aludirá a algunos de ellos. Tal renuncia, aunque solo sea inicialmente, la justifica por cuestiones diferentes: por falta de tiempo, por considerarla innecesaria o por tener conciencia de que es conocida por todos. Veamos un caso en el que el presidente Rajoy habla de las realizaciones en carreteras llevadas a cabo por su Gobierno y se expresa así:

> (6) *Podría darle muchos ejemplos*; en Asturias, en Castilla y León, en todo el Levante español, la Y vasca, los accesos a Madrid…, *pero me ceñiré a tres por su expresividad…* [Rajoy, 2015].

Ambas formas de actuar, como recursos retóricos que son, tienen por objetivo intensificar la importancia del resto del enunciado, es decir, aumentar el valor y la veracidad de aquella parte que va a emitir tras la *concesión*. En esta, o bien se ataca al rival o se alude a otros motivos, que siempre son argumentos a su favor.

e) *Contraste*. Con este mecanismo, el político va a separar lo bueno de lo malo, lo que él hace de lo que hacen los otros, lo que él dice de lo que dicen sus opositores, lo de ahora (si él está en el poder) frente a lo de antes (cuando estaban sus oponentes), etc. Es la distancia entre dos términos, dos propuestas o dos actitudes que con el contraste refuerzan sus diferencias. Como resultado, se ve favorecido el orador, quien en dicha antítesis refuerza siempre su posición frente a la del rival. Un ejemplo típico de contraste es este de Rodríguez Zapatero, en el debate del estado de la nación, en 2005; el líder socialista se vale de él para la distinción entre lo que no hicieron sus rivales políticos (solo trazaron «dibujos en el aire») y lo que él sí que ha conseguido («planes de ejecución a fecha fija»):

> (7) El señor presidente del Gobierno (Rodríguez Zapatero): Decía que Galicia ha ocupado un lugar preferente, *con realidades, recursos presupuestarios y planes de ejecución a fecha fija y no mediante dibujos en el aire* (**Aplausos**) [Rodríguez Zapatero, 2005].

O, en el caso de Albert Rivera, líder de Ciudadanos, entre lo que un día «eran anhelos» y hoy «son cambios»:

> (8) Hoy, lo que *eran anhelos* de la sociedad civil, lo que eran manifiestos o pancartas, *son cambios* en un documento de Gobierno [Rivera, 2016].

A este respecto, Ruiz de la Cierva (2002: 231), especialista en Castelar, indicó que quizás no resultara demasiado arriesgado afirmar que esta figura, denominada también *antítesis*, fue la más usada por el político gaditano:

> La figura retórica más usada en sus discursos es la antítesis porque se trata de uno de los recursos estilísticos de más alto rendimiento expresivo en la elocución retórica ya desde Aristóteles, como *ornatus* conceptual, que Castelar conoce muy bien y sabe ponerlo en práctica

f) *Ironía*. En ocasiones, la manera de persuadir se consigue a través de la ironía, un arma arrojadiza que sirve tanto para atacar al adversario como para mostrar un cierto ingenio por parte de quien la emite. De las diferentes clases de *ironía*, es, indudablemente, la *denotativa* la más fácilmente reconocible. Esto hace que, por un lado, levante los aplausos más espontáneos y prolongados y, por otro, se destaque frecuentemente por parte de los medios de comunicación, ya que el esfuerzo que tiene que realizar el oyente para interpretar el enunciado es mínimo. Un ejemplo que nos puede servir es el fragmento en el que Rajoy ataca a Rodríguez Zapatero cuando alude irónicamente a lo 'conveniente' que hubiera sido su asesoramiento:

> (9) Una de las razones por las que no le gusta es que, a su parecer, quedaron cuentas pendientes. Es una pena, señorías, que *no se pudiera contar en 1978 con su asesoramiento* (**Risas**) [Rajoy, 2007].

Si observamos, la ironía se asocia con la risa de los seguidores del orador. Cuando el mecanismo persuasivo es convenientemente empleado, resulta un instrumento de gran valor en un doble sentido: por una parte, es una manifestación bien recibida por los partidarios –de ahí, la risa–, a la par que ayuda a distender determinadas situaciones; por otra, es un dardo que sirve para intensificar lo dicho, para reforzar su contenido. Se suele presentar mediante unas *marcas*, es decir, elementos que ayudan a interpretarla: las pausas, la intensidad de la voz, la sonrisa, etc. y unos *indicadores*, que se usan para generar incongruencia: el significado contrario al real, la hipérbole, la paradoja, etc. (Ruiz Gurillo y Alvarado, 2013).

g) *La kinésica y la proxémica*. El ingrediente no verbal suele manifestar estados y actitudes que se suman, en muchas ocasiones, a la información del componente verbal y la intensifica (Poyatos, 2016). Nos referimos, especialmente, a los gestos (mover la cabeza, fruncir el ceño, etc.), a los ademanes de manos y de brazos y a la mirada. Un uso adecuado de ellos a la hora de apoyar la comunicación puede hacer más intenso y confirmatorio el discurso. Hay políticos como Aznar o Casado, ambos del Partido Popular, que son poco elocuentes en este sentido, en cambio muy diferente fue el presidente Felipe González (PSOE) o lo ha sido hasta hace poco Pablo Iglesias (Unidas Podemos).

1.2.2.2 Mecanismos enmascaradores

El discurso político está lleno de términos que continuamente adquieren un significado nuevo; son vocablos que se van especializando en designar realidades, bien peyorativas, bien atenuadoras; las primeras son utilizadas por la oposición («recorte») y las segundas, por el poder («ajuste»). Algo parecido, por lo que respecta al enmascaramiento, sucede con otra forma de empleo: el *lenguaje vago*. Se da cuando un político, por motivos que todos podemos averiguar, habla con términos inconcretos, poco o nada significativos; es lo que se puede decir de sintagmas como «una mejora relativa», «una mayor renta disponible» o una «gradual recuperación del empleo». También está el lenguaje *redundante*, que no es otra cosa que el uso excesivo de palabras para el escaso contenido del mensaje que las mismas encierran. Por último, hablaremos del lenguaje *ambiguo*, con el que se pretende crear la duda en su interpretación. Vamos, por tanto, a referirnos, muy brevemente, a estos cuatro lenguajes enmascaradores: lenguaje partidista (atenuado y peyorativo), lenguaje vago, lenguaje redundante y lenguaje ambiguo.

a) *Lenguaje partidista: atenuado y peyorativo*. Decíamos que en política, principalmente por parte de los diferentes gobiernos, se están creando términos con un significado nuevo para manifestar de forma suave y decorosa ideas cuya recta y franca expresión sería dura o malsonante. Es el *eufemismo*. En nuestros días, ante la avalancha de inmigrantes en las costas canarias, el Gobierno de España evita la palabra «deportar» y la sustituye por «reubicar». Y con esta intención surgieron en los últimos años vocablos tales como «reformas», «medidas», «soluciones», «ayudas», «ajustes», «racionalización del gasto», «reestructuraciones», «saneamiento», etc. Quienes no están en el poder, en oposición a esta actitud, tienden a designar la realidad con una expresión peyorativa, rebajarla de categoría, con objeto de utilizarla como herramienta de ataque. Es lo que se denomina *disfemismo*, y se da en vocablos como «deportación», «recorte», «antisistema», «rescate», «sobresueldo», «línea roja», «populismo», etc., empleados todos para designar aspectos negativos (De Santiago, 2015). En ambos casos, pensamos, hay un intento de enmascarar la realidad, si bien la consecuencia mediante el empleo de la primera es suavizar algo que *a priori* podría 'sonar' negativo, en tanto que en la segunda será intensificar de carga negativa el contenido del vocablo.

b) *Lenguaje vago*. Se caracteriza por no determinar unos límites designativos precisos, de modo que estos llevan a la buscada falta de información, cuando no al engaño (Channell, 1994). Si un anuncio habla de una cerveza como «*posiblemente* la mejor cerveza del mundo», está valiéndose de un término vago (*posiblemente*) para crear un falsa creencia: si no es la mejor, deberá de ser de las mejores. Hay varias razones por las que un hablante puede recurrir al lenguaje vago: *a*) porque desconozca la información exacta o no la recuerde en ese momento, como cuando decimos «de mediana edad»; es obvio que no se trata de ocultar, sino del desconocimiento de si son cuarenta, treinta y cinco o cincuenta y uno los años de esa persona; *b*) porque considere que el interlocutor puede recuperar sin dificultad la información omitida. Es lo que ocurre, en muchas ocasiones, con expresiones como *etc. etc., y cosas así, y todo eso*, etc., y *c*) cuando no se quiere –quizás porque no sea conveniente– ser más explícito. A nosotros nos interesa, en nuestro acercamiento al lenguaje político, solo este último caso. Por ejemplo, cuando Rodríguez Zapatero en el debate del estado de la nación, en 2010, dice esto:

> (10) Para el conjunto de 2011, el Gobierno prevé una contribución neutra de la demanda interna al crecimiento, lo que constituirá *una mejora relativa* tras la aportación negativa del menos 1,2 por ciento en 2010. Esta mejora se producirá fundamentalmente por la vía de *una mayor renta* disponible de los hogares debido a la *gradual recuperación* del empleo y a la moderación de la inflación, que habrán de impulsar, a su vez, una cierta recuperación del consumo [Rodríguez Zapatero, 2010].

¿Cómo hemos de entender sintagmas como «mejora relativa», «una mayor renta» o «una cierta recuperación del consumo?» No parece que el presidente quiera aclarar mucho, porque ¿qué tipo de mejora es una mejora *relativa*?, ¿cuánto *mayor* es la renta?, ¿cómo hemos de entender *una gradual* recuperación o *una cierta* recuperación del consumo?

c) *Lenguaje redundante.* Detectamos el lenguaje *redundante* al percibir en un discurso que la realidad se enmascara mediante muchas palabras y pocos datos. Bien cierto es que hemos de diferenciar dos tipos de redundancia: la *discursiva* y la *semántica*. Esta, la semántica, se presenta a través de palabras innecesarias para entender lo dicho, pues su significado ya está contenido en otra que la acompaña; así, «coordinación entre asesores» o «intermediación entre dos personas», pues en los vocablos *coordinación* e *intermediación* ya está implícito y explícito, respectivamente, la idea expresada por *entre*; el vocablo *común* ya incluye a todos, por lo que se deberá evitar decir «la patria común de todos»; los *logros* son siempre alcanzados; por ello, no hay logros sin alcanzar, y de ahí la redundancia «A mitad de mi gobernanza será momento de examinar los logros alcanzados»; asimismo, no hay *principios* y *pilares* que no sean básicos o fundamentales ni *planteamientos* que no sean previos (Wigdorsky, 2004).

La redundancia discursiva se muestra cuando a lo largo de un fragmento se utilizan demasiadas palabras para manifestar pocas ideas. Parece como si el político estuviera más ocupado en adornar lo que dice o de entretener el tiempo del que dispone que del asunto del que trata. Veamos este fragmento de Mariano Rajoy, presidente del Gobierno de España:

> (11) Señorías, cuando está en juego el bienestar de todos conviene ser prudentes con lo que se dice. Quien no crea empleo no garantiza el Estado del bienestar y quien destruye con sus políticas empleo está poniendo en tela de juicio el Estado del bienestar (Un señor diputado: ¡Muy bien!), porque, allí donde existe el Estado del bienestar, el empleo lo sufraga y lo sostiene. Es el beneficio que generan los que están trabajando el que sostiene el Estado del bienestar. Por eso, en el discurso de investidura, dije: «El empleo es la piedra angular que puede sustentar la tarea de nuestra recuperación. Que surjan empleos significa que aumente la actividad económica, que el Estado recupere ingresos, que la Seguridad Social ensanche su base y sus cotizaciones, que los pensionistas respiren tranquilos, que podamos mejorar la educación, financiar la sanidad, etcétera. No existe ninguna posibilidad de enderezar la marcha de la nación que no comience por crear las condiciones que permitan a los españoles que no tienen trabajo ponerse a trabajar» [Rajoy, 2015].

¿Hay alguien que siga dudando de que el empleo y el estado de bienestar van de la mano? No creemos que exista ese alguien después de que en un mismo párrafo se repita sin ton ni son y sin razón enfática varias veces la misma idea.

d) *Lenguaje ambiguo*. Con ambiguo nos referimos a expresiones o situaciones que pueden comprenderse de diferentes maneras o generar confusión. En el lenguaje político, encontramos, a veces, la ambigüedad buscada con el objetivo de esconder, mediante la duda, la información que se está obligado a dar. El ejemplo supremo de tal artificio lo tenemos en esa declaración y suspensión de la independencia de Cataluña, el 10 de octubre de 2017, cuyo modo de expresión llevó a la inicial confusión acerca de si el Sr. Puigdemont había declarado la independencia o no:

> (12) Llegados a este momento histórico, y como presidente de la Generalitat, asumo al presentar los resultados del referéndum ante el Parlamento y nuestros conciudadanos, el mandato del pueblo de que Cataluña se convierta en un estado independiente en forma de república. Esto es lo que hoy corresponde hacer. Por responsabilidad y por respeto. Y con la misma solemnidad, el Gobierno y yo mismo proponemos que el Parlamento suspenda los efectos de la declaración de independencia para que en las próximas semanas emprendamos un diálogo sin el cual no es posible llegar a una solución acordada. Creemos firmemente que el momento demanda no aumentar la escalada de tensión, sino sobre todo, voluntad clara y compromiso para avanzar en las demandas del pueblo de Cataluña a partir de los resultados del 1 de octubre. Resultados que debemos tener en cuenta, de manera imprescindible, en la etapa de diálogo que estamos dispuestos a abrir [Puigdemont, 2017].

Es obvio que nos referimos únicamente a aquellos casos cuya finalidad no sea otra que el enmascaramiento (Hidalgo, 2017). Hay otros casos, en cambio, que, si bien son ambiguos, tal ambigüedad se produce más por error que por un intento de manipulación. Por ejemplo, nos referimos a casos como el siguiente: «Se deja desatendido un importante sector de la sociedad», en el que no sabemos si se refiere a un sector amplio o bien a un sector que sin ser amplio se considera conveniente atender por otras razones.

1.2.2.3 Mecanismos arquitectónicos

El orden en cualquier exposición debería ser algo obligado y necesario. Ya Platón (264c, en el *Fedro*), su diálogo más conocido, se refirió a la organización ordenada y armónica que ha de presidir cualquier discurso; esta se ha de asemejar a la de un ser vivo orgánico, debidamente provisto de cabeza, tronco y extremidades, con todas sus partes bien proporcionadas y relacionadas entre sí. En los discursos políticos se sigue, en general, la estructura denominada *clásica*, ya fijada en la oratoria griega. Esta dispone lo dicho en tres apartados: *presentación, desarrollo* y *cierre*. La duración aproximada de cada una de estas partes podría ser del 10%, 80% y 10%, respectivamente. Bien es verdad que el valor de cada una no suele ser proporcional al tiempo invertido, pues en cualquier discurso el inicio y, especialmente, el cierre tienen un papel importante, una mayor incidencia en los interlocutores. Por tanto, un discurso político no puede ser como un conjunto de cajas superpuestas, en cada una de las cuales se trataría un tema distinto (economía, sanidad, vivienda, asuntos exteriores, defensa, etc.), sino que el orador se ha de valer de mecanismos que ayuden a hacerlo una pieza articulada y, en muchas ocasiones, un producto más fácilmente entendible. Al esqueleto de los discursos parlamentarios, nos gusta denominarlo *arquitectura del discurso* en tanto que arte y técnica para diseñarlos, proyectarlos y construirlos. Se trata, por tanto, de su construcción, de su esqueleto, que hará que tal discurso pueda ser una obra cerrada, armónica y coherente. Para su análisis, nos vamos a valer de determinadas *unidades*, bloques de significados que los lingüistas han intentado delimitar y denominar.

Considerararemos dos clases primeras de unidades de segmentación discursiva: a) *unidades procesadas* y b) *unidades en procesamiento*. De las primeras, a su vez, cabe distinguir dos tipos: a1) *unidades ilocutivo-textuales*, que son unidades superiores cuyo bloque mayor es la *secuencia*, con tres manifestaciones, generalmente, en un discurso: secuencias de inicio, de desarrollo y de cierre. En ellas, se integrarán otras unidades, de tipo temático (no ilocutivo): a2) las *unidades temático-textuales*, cuyo elemento superior es la *subsecuencia*, en la que se integran otras de significado menor: *tema, subtema* y *asunto*. Finalmente, b) *las unidades en procesamiento*, que se incluyen en las anteriores y cuyo elemento básico es el *enunciado*, que está compuesto de *actos* y de *subactos* (Cortés, 2014).

a) Unidades procesadas

a1) *Unidades ilocutivo-textuales*. Supongamos un diálogo entre dos amigos que llevan años sin verse. Tras los saludos, habrá una serie de intervenciones con múltiples respuestas a preguntas que girarán en torno a la salud, al tiempo transcurrido desde su último encuentro, a los aspectos más relevantes de cada uno en la actualidad, etc.; después, se podrán abordar otros temas. Cuando estos se hayan agotado, aparecerán las despedidas, deseos de prosperidad, promesas de futuros encuentros o saludos a las personas allegadas; serán los temas, subtemas y asuntos (las *subsecuencias*). Paralelamente, esos contenidos se podrán clasificar según inicien la conversación, la desarrollen o la cierren (*las secuencias*). Como hemos indicado anteriormente, en los discursos políticos se sigue, en general, la estructura denominada *clásica*, ya fijada en la oratoria griega: inicio, desarrollo y cierre.

a2) *Unidades temático-textuales*. En esos inicios, desarrollos y cierres, se incorporan unidades de contenido-temático: la *subsecuencia*. Esta es una parte del discurso que consta, generalmente, de varios temas con algún aspecto en común que permita la relación entre ellos. Sus unidades integradas serán el *tema*, el *subtema* y el *asunto*, cuya diferencia no vendrá dada por la información nueva, que existirá en ambos, sino por la exigencia de este último, tal y como lo interpretamos en el análisis de nuestro entramado, de la autonomía de su contenido con respecto a lo dicho anterior y posteriormente. El *tema*, bloque básico de este apartado *a2*, es una unidad discursiva de significado que acoge fragmentos de comunicación con unidades de contenido común y autónomo con respecto al resto. Esto hace que en cualquiera de ellos se puedan integrar diferentes subunidades con nueva información y relacionadas entre sí por homogeneidad temática, los *asuntos*. Por ejemplo, en los discursos de los debates acerca del estado de la nación, la información que abarca girará en torno a cuestiones como la sanidad, la educación, la vivienda, la economía, etc.; serán los temas. Y que cada uno se exprese de una forma simple o compleja, breve o amplia, dependerá solo de la importancia concedida por el orador, pero lo normal es que dicho tema abarque diferentes asuntos.

b) Unidades en procesamiento

La unidad básica en procesamiento es el *enunciado*. Es una unidad de compleción, o sea, incompatible con la sensación por parte del oyente de que falta algo por decir; por tanto, siempre nos dará esa sensación de bloque cerrado, resuelto. Podemos decir que hablamos mediante enunciados. En un diálogo entre dos personas en el que una pregunta: «¿Qué hora es?» y la otra responde: «Son las cinco en punto», nos encontramos ante dos enunciados, que podemos considerar simples porque solo están formados por un acto discursivo. Ahora bien, si la respuesta fuera esta otra: «Son las cinco. Si bien, ahora que recuerdo, no sé si me funciona bien el reloj» estaremos también ante un enunciado, una unidad de compleción, pero ahora formado por dos momentos distintos de procesamiento con contenido ambos o, lo que es igual, por dos actos discursivos («Son las cinco» y «Si bien, ahora que recuerdo, no sé si me funciona bien el reloj»). Los *actos* son unidades integradas, pero con autonomía comunicativa. De hecho, estos actos podrían funcionar como enunciados en otros momentos. Imaginemos que alguien pregunta: «¿Pero seguro que es esa hora?» y la otra persona responde: «Ahora que recuerdo, no sé si me funciona bien (el reloj)»; lo que antes era un acto discursivo, parte de un enunciado, ahora se ha convertido en un enunciado.

A su vez, los actos pueden ser simples o compuestos por varios subactos. Así, en «Si hay democracia, hay cambio» el acto constará de dos subactos. Estos son unidades integradas menores que, aun perteneciendo al ámbito discursivo, no gozan de consumación pragmadiscursiva. Son fragmentos que únicamente adquieren su sentido pragmadiscursivo dentro de su acto. Como ocurría con los actos, que en contextos distintos podrían funcionar como enunciados, igualmente los subactos, en otros contextos, lo pueden hacer como actos o enunciados. Imaginemos una pregunta como «¿Hay cambio?». Se podría responder así: «Hay cambio. Pero habrá que esperar a que se anuncie», donde funcionará como el primer acto del enunciado. Si la repuesta fuera solo: «Hay cambio», funcionaría como enunciado. «Hay cambio» ha funcionado como subacto, acto y enunciado.

Con todos estos mecanismos, intensificadores, enmascaradores y arquitectónicos, quienes los emplean tratarán de conseguir, y para ello los utilizan, una serie de *efectos*. Estos serán de dos tipos: *a) efectos discursivo-interpretativos*, pues mediante determinados mecanismos y formas se pretenderá que en el discurso exista humor, ironía, cortesía, racismo, machismo, etc., y *b) efectos discursivo-resultantes*, dado que mediante una buena disposición de los elementos en las unidades, a través de una acertada selección de mecanismos discursivos, se pretenderá un discurso ordenado, claro, eficaz y correcto.

En el cuadro siguiente ofrecemos las *realizaciones*, que hemos de asociar con lo que podemos denominar *variación externa*:

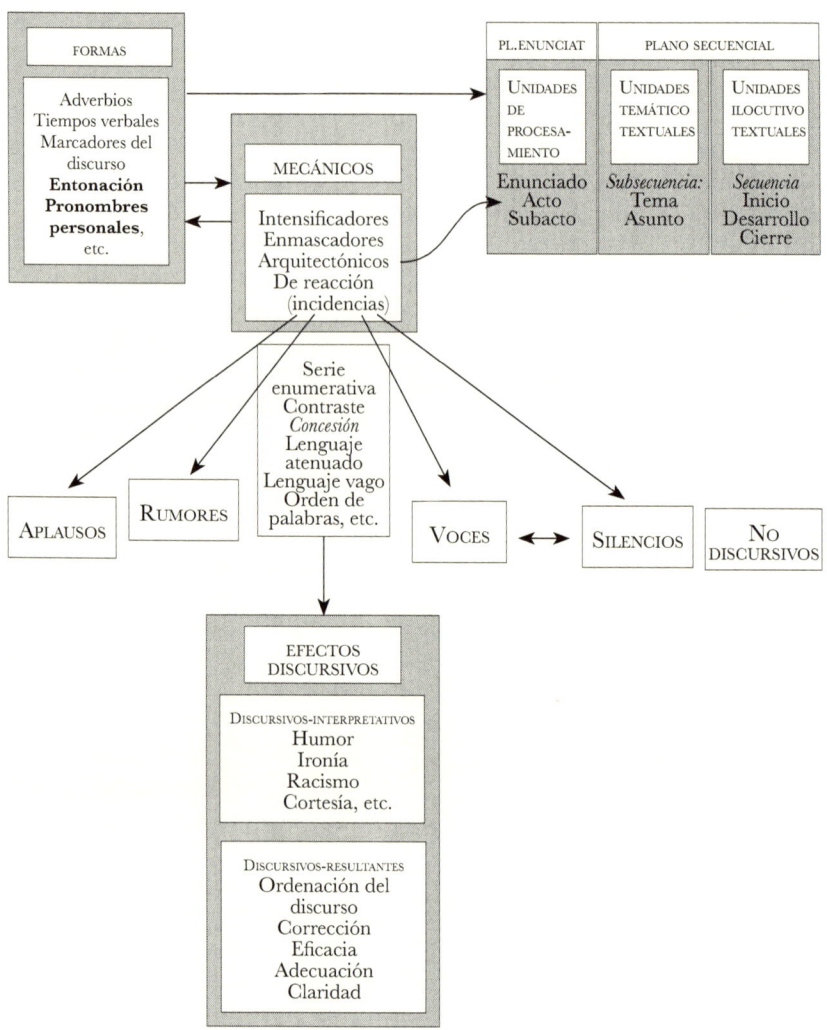

Cuadro N.° 3. Variación interna: formas, mecanismos, unidades, planos y efectos

1.2.3. *Incidencias*

1.2.3.1 Cuestiones previas

Al hacer un comentario de un discurso parlamentario, junto a los condicionantes y realizaciones estarán presentes, y por tanto serán elementos de análisis, las *incidencias*. Es este un término que hemos acuñado para esas manifestaciones que se suman en un discurso a la palabra de quien en ese momento tiene el turno; nos referimos a los aplausos, rumores, protestas, risas y voces (Cortés, 2015a). Para contento o para pesar del orador, tales actuaciones vienen a formar parte del hecho discursivo. Es la otra voz, la de un sector de los interlocutores que sienten la necesidad de hacer llegar su opinión y lo hacen mediante tales incidencias. Salvo los aplausos, que siempre serán de aprobación, las otras prácticas, como veremos al referirnos a ellas, podrán ser de aprobación o desaprobación. A estas incidencias, vendrá a unirse la voz de la presidencia cuando solicite el silencio de la cámara en general o de algún diputado en particular, llame al orden a alguno de estos o al orador para que finalice su intervención (interrupciones presidenciales).

Según se ha mostrado en trabajos sobre tales incidencias, en los debates del estado de la nación (celebrados en España desde 1983 hasta 2015), estas tuvieron comportamientos distintos según la responsabilidad del orador y los partidos políticos. Así, los datos nos mostraron, por un lado, que todas las incidencias se producen con una frecuencia mayor en los discursos de los líderes de la oposición que en los discursos del presidente del Gobierno. Por ejemplo, en los aplausos: en tanto que en los discursos presidenciales se produjeron cada 4 min, en los de los líderes de la oposición fue cada 2.4 min; la diferencia es considerable, aun siendo la menor entre las incidencias. Los índices de rumores, de protestas, de risas, de voces emitidos por parlamentarios o de interrupciones desde la presidencia ofrecen desigualdades más amplias. Esto revela que los discursos de réplica del líder opositor, celebrados siempre en sesión vespertina, resultan más polémicos que los inaugurales de los presidentes. Por otro lado, nos mostraron que en los discursos socialistas hubo un mayor número de incidencias, en todas sus modalidades; por ejemplo, en cuanto a los aplausos, lo hicieron con mayor frecuencia a sus líderes (cada 2.6 min) que los populares a los suyos (cada 4.3 min). De todas ellas, son las *voces* las que exteriorizan de manera más vehemente e inapropiada el apoyo o desacuerdo con lo que dice en ese momento el orador.

1.2.3.2 Aplausos

1.2.3.2.1 El aplauso se ha de ver como una manifestación de identidad de grupo por medio de la cual se elogia lo que dice un portavoz, sea lo dicho una declaración positiva o una crítica a sus oponentes políticos. Como tal actividad, requiere la coordinación del 'grupo' si se pretende que sea eficaz. En general, sus estudios, hasta ahora, han estado en manos de psicólogos sociales, aun sabiendo que los mecanismos que lo impulsan en gran manera (contrastes, series enumerativas, tono de voz, etc.) son aspectos lingüístico-pragmáticos. La acción del aplauso, como decíamos, es el único de estos eventos que invariablemente se hace en señal de aprobación o entusiasmo; tal circunstancia puede venir más o menos propiciada por el tema o la idea manifestada, la cual, a veces, se podrá potenciar mediante determinadas estructuras lingüísticas, especialmente la serie enumerativa (lineal o paralelística), el contraste de ideas o los refuerzos argumentativos.

O también puede ocurrir que sean estos aplausos la respuesta no a lo dicho por el orador, sino a manifestaciones contrarias (rumores, protestas, etc.) emitidas por los rivales políticos ante lo afirmado por aquel. Con ellos, se pretenderá oponerse y, si es posible, anular esas reacciones negativas. Exceptuados estos últimos casos, y dado que el aplauso es un acto de aprobación, parece normal que el político busque momentos clave del discurso para su propiciación, la cual se ha de intentar a través de mecanismos o temas determinados. No obstante, hemos de hacer una aclaración: ni tales mecanismos y temas cumplen en muchas ocasiones su objetivo, el aplauso, ni este, en otras ocasiones, se puede explicar por tales mecanismos y temas. Ante casos de este último tipo, un estudioso (Bull, 2006, 2012) diferenció dos tipos de aplausos en los discursos políticos: los demandados y los no demandados, según estén propiciados o no por los mecanismos considerados por ellos; estos mecanismos son muy reducidos con respecto a los que vamos a indicar a continuación.

1.2.3.2.2 ¿Qué mecanismos son los que nosotros contemplamos? Al analizar los aplausos recibidos por José María Aznar durante sus dos mandatos como presidente del Gobierno de España, en los discursos emitidos en los debates en torno al estado de la nación (legislaturas VI y VII) establecimos (Cortés, 2015b: 32-33) los siguientes apartados:

Componente verbal
Procedente del discurso del orador
  Aspectos temáticos
  Anuncio de noticias favorables
  - Mención de personas o instituciones cuyo esfuerzo es positivo
  - Resultado de acciones previas llevadas a cabo tras el esfuerzo y gestión
  - Tema en sí (accidentes, muertes dolorosas, etc.)
  Aspectos retóricos (dependientes de estructuras sintáctico-pragmáticas)
  - Serie enumerativa
  - Refuerzo temático: adición, consecuencia, reformulación, argumentación, concreción
  - Posicionamiento
  - Contraste
Procedente de otros participantes del discurso
  - Protestas
  - Voces
  - Petición de silencio

Componentes paraverbal y kinésico
Procedente del discurso del orador
Procedente de otros participantes del discurso
  - Risas
  - Rumores

1.2.3.2.3 Por lo que respecta a los *aspectos retóricos*, que son los más dificultosos, ya nos hemos ocupado, en páginas anteriores, de las *series enumerativas* y de los *contrastes*, pero no del *refuerzo temático* y del *posicionamiento*.

La preparación del aplauso mediante un *refuerzo temático* es, tras la serie enumerativa, el recurso previo más empleado. Veamos este ejemplo:

> (13) No quiero dejar de destacar la bonificación de las cuotas a la Seguridad Social para empresas que sustituyan a sus empleadas durante el embarazo. Queremos remover los obstáculos a la contratación de mujeres por causa de su maternidad y facilitar la incorporación de nuevos trabajadores durante el período de baja. *La maternidad debe dejar de ser un factor que penalice el trabajo de la mujer* (**Aplausos.**) [Aznar, 1998].

Podemos observar que el político dedica el último acto discursivo del enunciado a incidir con énfasis en lo dicho. Se establece una conexión semántica de ese acto último con el resto del enunciado, conexión que puede ser de diferentes tipos: consecutiva, argumentativa, aditiva, contraargumentativa y reformuladora (explicativa, recapitulativa, rectificadora o de distanciamiento). En algunos casos, los menos, se explicitan los marcadores del discurso: *en consecuencia, por tanto, es decir*, etc., si bien lo normal es que tales relaciones se establezcan sin su presencia. Como sabemos, la omisión del marcador discursivo textual y la expresión de sus actos discursivos como simple yuxtaposición no implican la ausencia de significación relacional. En todas las ocasiones, el citado acto final se separa con una pausa mayor del resto del enunciado y su curva descendente también es más pronunciada. Hay mayor conciencia de cierre temático y se propicia en muchos casos el aplauso.

El *posicionamiento* es otro mecanismo discursivo. Con él, el político se vale de la primera persona del singular como una manera de intensificar y cerrar determinadas ideas iniciadas momentos antes y a las que se había referido con un *nosotros*. Esa primera persona suele ir acompañada de verbos volitivos que exteriorizan la actitud del hablante en orden a la realización o deseo de realización de una acción. Su posición normal suele ser también en el acto discursivo último de un enunciado, como remate intensificador final:

> (14) Queremos facilitar a los empresarios sin asalariados la contratación de su primer empleado. Se trata de romper la barrera psicológica de contratar al primer trabajador. Tenemos un gran campo por delante. Existen en España millones de autónomos que trabajan solos y a los que *quiero dirigirme de una manera muy singular para decirles que este es el momento de tomar la iniciativa y que esta es la ocasión de asumir nuevos objetivos* (**Varios señores diputados: ¡Muy bien!—Aplausos.**) [Aznar, 1998].

Los mecanismos no verbales empleados aquí son claros: cambia el volumen de voz a partir de *decirles*, sus pausas son más largas y la velocidad del habla es menor. A todo ello se suma, como punto de máxima convicción, el *posicionamiento* explícito del mismo presidente, lo que desencadena, incluso, el aplauso de los seguidores y, lo que es más, como se puede leer en el ejemplo último, alguna voz.

1.2.3.2.4 Por último, creemos necesario aclarar que tales propiciadores (temáticos y retóricos) pueden darse aisladamente, pero resulta más frecuente que lo hagan en confluencia con alguno más. Por tanto, la clasificación anterior no se ha de interpretar como una separación entre los varios elementos que suelen subyacer en el aplauso, sino como un intento de poner orden en el descubrimiento de esos distintos mecanismos que lo propician. A modo de ejemplo, veamos este enunciado de Aznar:

(15) Señoras y señores diputados, yo no sé si bajar impuestos es de izquierdas, de centro o de derechas, pero me alegro de que ya no estemos tan solos en la defensa de las virtudes de bajar los impuestos y de reducir los tramos (**Aplausos.—Rumores**) [Aznar, 2001].

El contenido temático es atractivo y forma parte de los 'cualificados' para el aplauso: se trata de alabar conquistas del Gobierno presidido por el orador y que, en este caso, es la bajada de impuestos. Esta no solo habrá de ser bien recibida por los correligionarios, sino por todos los españoles en general. A tal propiciador temático, se unirán otros mecanismos verbales y no verbales. Así, se recurre al *posicionamiento* del presidente y se sigue con la *serie enumerativa* lineal (de izquierdas, de centro o de derechas) y, posteriormente, se cierra con otra serie enumerativa, esta paralelística. Al mismo tiempo, hay tanto un ligero aumento del énfasis y del volumen de la voz en ambas series enumerativas como un cambio de velocidad, que lleva al presidente popular a aumentar su flexibilidad en lo dicho. En otros políticos, sin embargo, hubiera sido normal que estos aspectos se acompañaran de movimiento de brazos, de gestos, etc., lo que, sin embargo, no se dio en el político que analizamos, quien mantuvo, como casi siempre, sus palmas de las manos sobre el atril y su mirada alternando el papel y el público, pero con prioridad en aquel.

1.2.3.3 Rumores y protestas

1.2.3.3.1 Los *rumores* surgen cuando no se está de acuerdo con una idea. A veces, estos, si van a más, pueden llegar a convertirse en protestas o voces. En el caso que nos ocupa, rumores sin más, los podemos ver en ejemplos en los que parte del hemiciclo manifiesta no solo su desacuerdo con lo dicho, sino también su extrañeza ante ciertas afirmaciones:

(16) ¿Sabe, señor Aznar, que hoy una persona que accede al primer empleo con un sueldo de 120.000 pesetas tiene que dedicar, para comprar un piso de 10 millones de pesetas, prácticamente quince años de su vida de su sueldo íntegro? Esto no es un Estado de bienestar ni es un Estado de cohesión social que se pueda permitir tal reconocimiento (**Rumores**) [Rodríguez Zapatero, 2001].

Ahora bien, en ocasiones el desacuerdo no queda en los rumores, sino que la disconformidad aumenta y estos se hacen más sonoros y pasan a ser protestas, si bien ambos términos van juntos en las transliteraciones:

(17) Cuando la crisis de las vacas locas han responsabilizado a los ganaderos y han denunciado que no había una actitud, por su parte, de control. Hicieron una masiva inspección por la Guardia Civil y dio los resultados que dio. Se han enfadado y han enfadado a muchos empresarios en este país por su talante, por sus actitudes, a muchos; y se han enfadado también y han mostrado su arrogancia hasta con los servicios de estudios de las entidades financieras... (**Rumores y protestas.**), a los que el señor ministro de Economía lleva atizando desde hace unas cuantas semanas [Rodríguez Zapatero, 2001].

También sucede que los rumores van acompañados de la *risa*. Si las protestas eran una forma de énfasis de los rumores, la risa lo es igualmente y sirve para aumentar el descontento o desacuerdo. Es una reacción desconsiderada y que manifiesta extrañeza ante lo oído. Así, cuando Rodríguez Zapatero dice que «el Partido Socialista demostró, como siempre, su lealtad a España y su responsabilidad en problemas de Estado», el rumor da paso a la incredulidad de sus rivales políticos, que se manifiesta mediante la risa, una forma, a veces, de sarcasmo más que de ironía:

(18) No habíamos terminado aún el debate del año pasado cuando vivimos el episodio de la isla Perejil. En aquel momento el Partido Socialista demostró, como siempre (**Rumores.—Risas.**), su lealtad a España y su responsabilidad en problemas de Estado... [Rodríguez Zapatero, 2003].

Rumores/voces y voces/rumores, en ocasiones, van relacionados y uno motiva la aparición del otro. Así, puede ocurrir que alguna voz, intervención aislada de algún diputado, suscite el rumor en señal de conformidad o disconformidad con tales voces:

(19) Han dicho que había muchos parados que no tenían estímulo para encontrar trabajo, es decir, que eran vagos. (**El señor Albendea Pabón: Eso no es verdad.—Rumores**) [Rodríguez Zapatero, 2002].

O puede suceder lo contrario: que sea el rumor el que propicie las voces:

(20) Nosotros no abandonaremos la importancia del IV Centenario de El Quijote. (**Rumores.—Varios señores diputados pronuncian palabras que no se perciben.**) [Rodríguez Zapatero, 2002].

Por último, es frecuente la relación de aplausos y rumores. Esta combinación se emite por parlamentarios que quieren mostrar su contrariedad ante los aplausos manifestados momentos antes por sus oponentes políticos. Es, efectivamente, una forma de exteriorizar más claramente, *a posteriori*, el desacuerdo no solo con lo dicho, sino también con la reacción con que se acogió. ¿Cómo los populares no iban a mostrar su dis-

TEORÍA   39

conformidad con los aplausos de los socialistas ante un ataque semejante a Aznar y a su política?:

> (21) Señorías, señor Aznar, hace un año le dije que hacía una política autoritaria, antisocial y antigua. Este último año, cuando ya está al final de su mandato, hemos podido ver que, además de autoritarios y antisociales, ustedes son ineficaces y que no tienen reparos en tapar su ineficacia con la mentira y la propaganda (**Aplausos.—Rumores.**) [Rodríguez Zapatero, 2003].

1.2.3.3.2. Las *protestas* son réplicas verbales más contundentes que los rumores. Mediante ellas, se quiere revelar el rechazo tanto de lo que en ese momento manifiesta el orador como, en otras ocasiones, de incidencias mostradas por otros miembros (Cortés, 2018). Se da en todos los parlamentos del mundo, si bien es conveniente que las distingamos de otras actuaciones más concluyentes (interrupciones) e incluso agresivas (disrupciones). Por tanto, en una escala de mayor a menor desorden, podríamos decir que la disrupción implica una ruptura brusca y agresiva; la interrupción entraña una ruptura más o menos amplia pero exenta de agresividad; la protesta no suele conllevar ruptura significativa ni desorden, aunque en algún momento pueda exigir, por su molestia al orador, la llamada al orden por parte de la presidencia del Congreso. Tipológicamente, podemos establecer dos grandes grupos, según que *b1*) las protestas vengan motivadas por el contenido de mensaje verbal del orador y *b2*) las protestas vengan incentivadas por otras incidencias de los parlamentarios (protestas precedidas de aplausos y protestas precedidas de voces).

En el primer caso, cuando las protestas vienen motivadas por el contenido del mensaje del orador, puede suceder que *b1a*) estas se produzcan sin antelación de otra incidencia:

> (22) Sí, sí. Hago mías unas palabras del señor Rajoy en el debate de investidura. ¿Saben cuáles fueron?: Hay que decir la verdad aunque duela. Así que, señorías del Partido Popular, digo la verdad aunque duela (**Protestas—Aplausos**) [Sánchez, 2015].

O puede ocurrir *b1b*) que las protestas vengan precedidas de rumores, lo que no es algo casual, sino causal, pues estos suelen indicar que al menos algunos compañeros están predispuestos a expresar desaprobación:

> (23) ¿Qué pensarán fuera de España de un Gobierno que tiene en el partido a militantes como Bárcenas? (**Rumores y Protestas.— Aplausos**). ¿Qué pensarán, señor Rajoy? ¿Qué pensarán, señorías? (**Rumores y Protestas—Aplausos**) [Sánchez, 2015].

En el segundo caso, *b2*, cuando vienen incentivadas por otras incidencias de los parlamentarios, son la respuesta a esa incidencia previa, principalmente a los aplausos:

> (24) El señor RAJOY BREY: ¡Pero si ustedes no saben leer, cómo van a enterarse de ellas! ¡Qué gente! (**Aplausos.— Protestas**) [Rajoy, 2009].

y a las voces:

> (25) LA SEÑORA PRESIDENTA: Señorías, guarden silencio. (**El señor Cisneros Laborda pronuncia palabras que no se perciben.**) ¡Señor Cisneros! (**Protestas.**) ¡Señorías, guarden silencio! [Rodríguez Zapatero 2003].

1.2.3.4 Risas y voces

1.2.3.4.1 La *risa* es una acción reactiva con la que el hemiciclo se manifiesta a veces a favor y a veces en contra de una acción discursiva del orador. Puede ser *risa de afiliación*, cuando es emitida por los seguidores del orador como reacción ante un fragmento de este, o puede ser *risa de castigo*, cuando la reacción procede de los adversarios y manifiesta, más que gozo, malestar o indignación. Podemos decir que, en el primer caso, una parte del hemiciclo se ríe *con* lo dicho por alguien, como sucede en este ejemplo como resultado de la ironía de Mariano Rajoy que suscitó la risa de la afiliación:

> (26) Y ahora, al finalizar la fase de presentación de documentos, el ministro de Trabajo sale diciendo que el proceso de regularización *ha sido un rotundo éxito* (**Risas.—Aplausos.**) [Rajoy, 2005].

En tanto que en el segundo se ríe (burla) *de* alguien. Sucede, a modo de ejemplo, con un comentario de Rodríguez Zapatero, que suscitó, ante lo increíble que resultó, las risas de sus oponentes políticos, la risa del castigo, de la desaprobación y de la mofa:

> (27) Así lo hicimos en el proceso de normalización incorporando a la legalidad a 600.000 personas que en este país estaban en la ilegalidad. (**Aplausos.**) Todos deben saber, pues, que en España *solo se puede residir legalmente* (**Risas.—Rumores.**) [Rodríguez Zapatero, 2006].

Ambas acciones se hacen siempre 'para algo', voluntariamente o no: ensalzar o rebajar lo dicho por el agente del discurso. En muchas ocasiones, es una risa afectada, aunque tenga su origen en un ataque implementado con ironía o humor, aspectos estos últimos que son claves a la hora de justificar la aparición de la risa (Alvarado y Cortés, 2017).

1.2.3.4.2 Las *voces*, tal y como las entendemos, son manifestaciones aisladas de algún diputado con las que pretende dirigirse tanto al político que tiene el turno como al resto del hemiciclo. Pensamos que entre las incidencias representan, posiblemente, las muestras menos apropiadas de apoyo o de desaprobación. Se hacen levantando la voz de manera ostentosa y poco adecuada con objeto de exteriorizar el refuerzo a lo que emite en ese momento el orador o, sobre todo, el desacuerdo más exaltado. Esto último, en muchas ocasiones, se reviste mediante la ironía. Como tal actividad, contrariamente a otras incidencias, como el aplauso, la risa o la protesta, ni es una «acción social», puesto que depende solo y exclusivamente de uno de los asistentes, ni es una muestra de una «conducta social», en tanto que el miembro que la protagoniza no está respaldado, explícitamente, por el resto de sus compañeros, aunque estos lo puedan compartir interiormente. En general, representa momentos de tensión, por lo que hace que su práctica en los discursos parlamentarios suela ser más frecuente en las partes finales de estos.

Como las risas, las voces también pueden ser a favor o en contra, según que sean de apoyo o de desacuerdo con lo que dice el orador. Las primeras no suelen aportar contenido y se expresan con un *¡muy bien!*, *¡eso es!* y otras expresiones de este tipo:

> (28) De acuerdo con ello, el Partido Popular no prestará su apoyo a ninguna clase de negociación que tenga como objeto pagar un precio político bien sea a ETA, a sus cómplices o a sus sostenedores (**Aplausos—Un señor diputado: ¡Muy bien!**) [Rajoy, 2006].
>
> (29) ¿Sabe lo que es cierto, señor Rajoy? Que siete de cada diez empleos perdidos eran indefinidos y se han perdido como consecuencia de su reforma laboral (**Un señor diputado: ¡Sí, señor!—Aplausos**) [Sánchez, 2015].

A diferencia de estas, las voces en contra habitualmente aportan nueva información con respecto a lo dicho por el orador y tienen, en algunos casos, junto al tono propio de desaprobación, una intención burlesca e irónica. Por ejemplo, el diputado popular Hernando Fraile, ante lo dicho por el líder socialista, reacciona en defensa del Gobierno anterior, que era el de su partido y lo hace de esta manera:

> (30) Hemos reducido en 2004 las muertes en accidentes de tráfico en un 12,7 por ciento respecto a 2003 —513 fallecidos menos— y en 2005 esas cifras las hemos reducido en un 2,8 por ciento adicional, hasta la fecha (**El señor Hernando Fraile: El anterior Gobierno mataba a la gente**) [Rodríguez Zapatero, 2005].

O este otro caso, en el que, en su ansia de zaherir al disertante, un parlamentario socialista reacciona con esta voz irónica a lo dicho por Rajoy:

> (31) Nada refleja mejor la desconfianza ante este Gobierno que ese hierro al rojo que marca el diferencial de nuestra deuda. Hoy, como antes he señalado, era de 277 puntos; el día que el señor Rodríguez Zapatero empezó a gobernar, el diferencial era de cero puntos. **(Aplausos.)** Cero, señor Rodríguez Zapatero. Señorías... **(Rumores.—Un señor diputado: ¡Qué hombre de Estado!)** [Rajoy, 2011].

Capítulo 2

EL COMENTARIO DE TEXTO: LOS CONDICIONANTES EN EL DISCURSO

2.1 El discurso comentado: Pablo Casado y la moción de censura

El discurso de nuestro comentario, dijimos, fue emitido por Pablo Casado, líder del Partido Popular[1], en el acto de moción de censura presentado por Vox (22/X/2020) contra Pedro Sánchez, presidente del Gobierno de España. La citada intervención, aplaudida en treinta ocasiones por sus seguidores, duró 34min y 23s y comprendió 5331 palabras. Puede verse, por un lado, en el «Diario de Sesiones del Congreso de los Diputados» n.º 56 (22/10/2020, pp. 19-25) y, por otro, en la sesión televisada ese día en el «Canal Parlamento».

De dicho discurso, los correligionarios del líder popular no solo elogiaron el contenido, también coincidieron en afirmar que había sido tal su acierto que habría de marcar el futuro en el distanciamiento respecto de una fuerza política como Vox. Una frase como «no somos como usted porque no queremos ser como usted», dirigida a Santiago Abascal, líder de Vox, o su «no» a la moción de censura planteada por este partido, fueron las dos manifestaciones más claras de cuál era la intención del líder popular: mantener la supremacía en la derecha española frente a esa nueva fuerza, también de derechas y cada vez más votada por los españoles, que es Vox. El discurso no solo llevó al estupor y a la rabia a la extrema derecha española, sino que hizo que su líder, Santiago Abascal, confesara que estaba muy afectado porque nunca hubiera imaginado tal ataque personal por parte del presidente de una formación a la que ayudaban a gobernar en comunidades como Madrid, Murcia y Andalucía. La actuación de Casado fue muy dura con una formación con respecto

---

[1] El 2 de abril de 2022 Pablo Casado dejó de ser presidente del partido; su sucesor en el cargo fue Alberto Núñez Feijóo. Dos días después Casado renunció también a su escaño en el Congreso de los Diputados.

a la cual quiso disipar cualquier atisbo de semejanza. Es más, la asoció, a lo largo de su discurso, con fuerzas extremas de izquierdas y a todas ellas, en bloque, las juzgó como «engendro antiespañol», como fuerzas propiciadoras de una «antipolítica cainita de izquierda o derecha destinada a hacer que los españoles se odien y se teman». Asimismo, el constante rechazo a ser como él, llevó a Casado a utilizar términos tan despectivos como «ira», «mentira», «involución frentista», etc.:

> (32) Lo que ocurre es que no queremos ser como usted. (**Aplausos**). No somos como usted porque no queremos ser como usted. Así de sencillo. El Partido Popular no quiere ser otro partido del miedo, de la ira, del rencor y la revancha, del insulto y de la bronca, ni de la manipulación, la mentira y la involución frentista.

Pero no fue esto, difundido con amplitud durante esos días por la prensa, lo que realmente nos interesó, sino la extendida creencia de que se había tratado de un gran discurso. Y de ahí nuestro empeño por analizar qué mecanismos se emplearon. Por otro lado, el hecho de que el líder popular llegara a decir que era el momento de poner las cartas boca arriba porque «hasta aquí hemos llegado» pareció concitar, al menos en esos momentos, un cambio significativo en la política española. Y ese cambio exigía un discurso tan combativo como el que comentamos. Evidentemente, el tiempo ha ido deshaciendo tan acometedora actitud y las palabras están quedando en eso, en meras palabras. Pero su actuación fue esa.

2.2. Condicionantes

2.2.1 *Condicionantes lectales, de medio o modalidad y de grado de conciencia lingüística*

2.2.1.1 Pablo Casado nació y vivió durante su adolescencia en Palencia; posteriormente se trasladó a Madrid, donde reside hasta el día de hoy. Lectalmente es un hablante cuya norma es la toledana/castellana, septentrional o española centro-norte peninsular. Tras acabar la carrera de Derecho, Casado se dedicó a la política. En 2007 fue elegido, con veintiséis años, diputado en la Asamblea de Madrid y, a partir de 2011, se incorporó al Congreso de los Diputados. En consecuencia, es un hombre conocedor de las instituciones, de los rituales y del lenguaje que manejan los políticos. Cuando emitió el discurso comentado tenía treinta y nueve años: un hombre de edad media y nivel sociocultural alto.

2.2.1.2 En cuanto al *medio* o *modalidad*, el discurso había sido escrito previamente para ser oralizado, por lo que es este condicionante el que de manera más destacada va a incidir en el empleo de algunos aspectos de su intervención. Sus construcciones sintácticas vienen determinadas por su naturaleza de texto escrito. La inmediatez comunicativa propia de un texto oral hubiera determinado una sintaxis menos compleja, con estructuras más sencillas y en la que, posiblemente, no hubieran faltado algunos elementos expletivos o alguna que otra muletilla o enunciado inacabado, entre otras consideraciones.

Para llevar a cabo la citada oralización de lo escrito, se vale de unos interlocutores a los que se dirige, bien por imposición del ritual del discurso parlamentario, bien en su afán de un diálogo retórico con sus oponentes. En el primer caso, interactúa con la señora presidenta del Congreso: «Gracias, señora presidenta» o «Voy acabando, presidenta». En el segundo caso, más significativo, Pablo Casado pretende que su discurso sea un «monólogo dialogizado», en el que su interlocutor es el señor Abascal y lo que este representa ideológicamente. Por ello, desde el principio y para hacer hincapié en que se trata de una situación interlocutiva, constantemente instituye ese aludido diálogo retórico con el líder de Vox, y lo hace de manera, a veces, cercana, en la búsqueda de la proximidad: «Señor Abascal, le voy a confesar algo» o «Permítame que rebaje un poco sus expectativas y le ponga los pies en el suelo». Tal situación se agranda y distancia en otros momentos: «Señor Abascal, no le gustamos. Perfecto, entendido. Usted a nosotros tampoco» o «Y por eso hoy le hablaré a usted como candidato». No hay que olvidar que la intervención de Casado, que se enmarca en un escenario cerrado, va dirigida a emisores: unos, presentes (la presidenta del Parlamento, la mesa, los diputados, las personas invitadas al acto); otros, ausentes, pero sí atentos a lo dicho a través de los medios de comunicación (radio, televisión, etc.).

Debemos darnos cuenta de que, aunque transcurren casi veinticuatro horas entre la intervención del Sr. Abascal (discurso de tipo iniciativo) y la de Pablo Casado (discurso reactivo al de aquel), este crea una comunicación directa de enlace con lo dicho por el líder de Vox. Es esta condición reactiva del discurso de Casado la que va a favorecer no solo que su tono sea menos formal que el del Sr. Abascal, sino que pretenda romper la distancia situacional y verbal, en un acto tan ritualizado, mediante el empleo de coloquialismos: «ni está ni se le espera», «mucho ruido y pocas nueces», «le dejó colgado de la brocha», etc. A esta cuestión, aludiremos más tarde.

2.2.1.3 El *grado de conciencia* es máximo y esto exigirá un discurso formal, sin ninguna relajación tanto en la corrección gramatical, en la búsqueda de mecanismos, en la prosodia (tono, timbre, intensidad, duración, etc.) como en lo no verbal (kinésico o paraverbal). En ese grado de conciencia, la formalidad lleva al líder popular a valerse de referentes históricos:

> (33) Señor Abascal, en política lo que no es posible es falso. Antonio Cánovas, confío en que le suene.

> (34) Señor Abascal, igual que San Agustín antes de ser santo, usted quiere la virtud, pero no ahora; mejor otro día.

O a la precisión de conceptos e ideas:

> (35) Las mociones de censura no son para censurar a un Gobierno, sino para nombrar uno nuevo. Ni siquiera son para convocar elecciones.

> (36) Son ustedes la derecha que más gusta a la izquierda, y eso es todo lo que ya son.

2.2.2. *Condicionantes funcionales, situacionales e ideológicos*

2.2.2.1 Los *condicionantes funcionales* vienen dados por el género, el registro y el campo de acción. Recordemos que para el género, en lo referido al discurso oral, partimos de los tres grandes macrogéneros: interrogatorio, conversacional y alocutivo. Es evidente que nos hallamos ante un género perteneciente a este último macrogénero. Entre los posibles géneros alocutivos, junto al sermón, conferencia, mitin, etc., tenemos el discurso. El discurso, a su vez, como género, puede tener diferentes manifestaciones que irían de un discurso, por ejemplo, emitido en un acto de jubilación al emitido en un acto de ingreso en la Real Academia Española. Por tanto, en dicho género de discurso, cabrá hablar de subgéneros, y en el caso que analizamos hemos de decir que se trata del subgénero *discurso parlamentario*. En consecuencia, funcionalmente, tenemos:
  −*Macrogénero:* Alocución
  Género: Discurso
  Subgénero: Discurso parlamentario.

Tal condición de discurso parlamentario determina que la actuación de Casado se caracterice por una serie de rasgos concernientes a diferentes variables: a) *el dominio*, que es particular, no general, y lo es por su condición del campo de acción en el que se desarrolla, que es el político: b) *el grado de complejidad lingüística*, que es, valga la redundancia, de gran complejidad, como veremos en el apartado de las realizaciones. Esto quiere decir que se manifiesta, entre estas, mediante extensos enunciados, complejas estructuras, habilitación de mecanismos como largas series enumerativas o acertados contrastes. Es un discurso escrito, posiblemente por varias personas, con diligencia; c) *la (super)estructura* nos sitúa ante un monólogo que, a su vez, representa un largo turno controlado en cuanto al tiempo y al orden de intervención por la presidenta del Parlamento, que es quien concede la palabra y quien puede, como ocurre, llamar la atención del orador para que vaya terminando, lo que diferenciará el discurso parlamentario del resto de los discursos políticos:

>   (37) La señora PRESIDENTA: Señor Casado, *tendría que terminar*, por favor.
>   El señor CASADO BLANCO: *Voy acabando, presidenta.* Señor Abascal, usted ha debilitado gravemente la línea de defensa de la nación española, que no...

Por fin, está d) *la finalidad/función*, que podría ser persuasiva, lúdico-empática, lúdico-instructiva, etc., si bien en el texto analizado parece claro que no es otra que la persuasiva. Casado pretende mover al auditorio con razones que lo lleve a creer que su actitud, principalmente contra Vox y su líder, el Sr. Abascal, no solo es la correcta, sino el resultado de una profunda reflexión:

>   (38) Señor Abascal, le voy a confesar algo. En estos dos años como presidente del PP no he contestado a sus provocaciones, sobre todo por respeto a sus votantes.
>
>   (39) Ha llegado el momento de pasar del enfado a algo que pueda ser más constructivo.

Por tanto, un subgénero como el discurso parlamentario comentado tendrá unos rasgos caracterizadores: *el dominio* (particular: político); *grado de mayor o menor complejidad lingüística* (grande); *(super)estructura* (monólogo: turno restringido) y *finalidad/función* (persuasiva). Por ejemplo, si lo comparáramos con otros subgéneros, como puede ser la *tertulia política*, esta tendrá como rasgos: *dominio* (particular); *grado de complejidad lingüística* (sencilla); *(super)estructura* (diálogo: turnos libres); y *finalidad/función* (lúdico-instructiva).

El *registro*, otro determinante del condicionante funcional, también va a 'estrechar' la posibilidad de elección que tendrá, en este caso, el orador. Vamos a partir de la existencia de los tipos de registro y sus rasgos, apuntados en el cuadro n.º 1. Con tales rasgos, el discurso de Casado se ha de considerar como una manifestación del registro *técnico-distante*, que se caracterizará por estos rasgos: a) *el campo*, específico (político); b) *el grado de formalidad contextual*, máximo (la intervención lo exige); c) *el grado de regulación de la situación*, protocolario (sus reglas vienen establecidas e impuestas); d) *tipo de actividad*, presencial, y e) *el nivel de audiencia*, público (sale de la institución para ser oído y visto por toda persona que lo desee).

Finalmente, el *campo de acción* es el político. El discurso de Pablo Casado responde a una de las características propias del lenguaje político, que nace del conflicto y es, por tanto, de constante enfrentamiento con su oponente, enfrentamiento que permite rituales de descortesía difíciles de aceptar fuera de este campo de acción. El líder popular descalifica a su oponente como mentiroso por engañar a los españoles:

> (40) No engañe a los españoles. Las mociones de censura no son para censurar a un Gobierno, sino para nombrar uno nuevo.
>
> (41) Usted no dijo la verdad de los efectos de la división del voto, sobre sus planes y sobre sus propósitos reales; la ocultó, confundió deliberadamente al electorado, lo engañó; se sirvió de la buena fe de muchos españoles preocupados sinceramente por su país.

También lo hace mediante otros juicios de dudosa veracidad:

> (42) Usted, señor Abascal, solo ofrece a España fracturas, derrotas y enfados. Pero, lo que es aún peor, usted ofrece a la izquierda una garantía de victoria perpetua. **(Aplausos)**.
>
> (43) Ha hecho la misma trampa que él; ha cometido el mismo fraude que él.
>
> (44) Esa España a garrotazos, en blanco y negro, de trincheras, ira y miedo.

2.2.2.2 Recordemos que los *condicionantes situacionales* se refieren al *estado de comunicación*, es decir, al marco en el que cabe ubicar el análisis de los participantes, las relaciones que los unen durante el intercambio o la orientación enunciativa del hablante. Esta puede ir dirigida al interlocutor (preguntar, responder), al mismo hablante (opinión, validación), hacia la manera de enfocar cualquier realidad (cualquier tipo de afirmación o declaración u opinión) o a la situación próxima de la enunciación. Nosotros, en el presente apartado del comentario, nos centraremos, especialmente, en este último tema, relacionado con la llamada *escena de la enunciación*. Esta nos presenta un estatus claro de los participantes: el discurso, que va dirigido a la Sra. Presidenta, a sus señorías parlamentarias (destinatarios directos) e incluye, obviamente, a todas las personas que, en ese momento, a través de diferentes medios, estuvieran oyéndolo (destinatarios indirectos). Las voces de Casado son muchas: por un lado, está la *persona que habla*, Pablo Casado; por otro, está la *persona discursiva*, que se presenta de diferentes formas ante su audiencia y, principalmente, se identifica con la primera persona del plural, incorporado a su grupo, el Partido Popular:

> (45) Podrá medirse con *nosotros* cuando haya acreditado tanto coraje y servicio a España como ha hecho el partido que derrotó a ETA con la ley, con toda la ley pero solo con la ley; el partido que creó 7 millones de empleos, que metió a España en el euro y que paró el plan Ibarretxe y el plan Puigdemont. Hasta entonces, debería tener más respeto aunque ya haya cambiado de chaqueta.

> (46) *Nosotros* defendemos una España unida y diversa […]. Para *nosotros*, una idea política tiene que crear un vínculo entre españoles [...], no una fractura.

Si bien, a veces, ese *nosotros* no abarca a todo el Partido Popular, sino solo a quienes trabajan desde puestos de responsabilidad:

> (47) Mientras *nosotros* llevamos seis meses pidiendo una reforma legal y un pacto sanitario para luchar contra el coronavirus con eficacia, su única aportación ha sido Vistalegre y un autobús descapotable.

> (48) Por eso no la hemos presentado *nosotros*, porque necesitaríamos los votos de independentistas y batasunos, y no los queremos.

Casado, además, fusiona su voz de *nosotros* con la unión de todos los españoles, con su bienestar, frente a los otros (*no nosotros*), que solo quieren su fragmentación:

> (49) *Nosotros defendemos una España unida y diversa*; uno de ustedes no la quiere unida, el otro no la quiere diversa. Defendemos una España cohesionada y abierta; uno de ustedes no la quiere cohesionada, el otro no la quiere abierta. Para nosotros, una idea política tiene que crear un vínculo entre españoles, no una fractura.

> (50) No vivimos aislados; no queremos vivir enfrentados unos contra otros. No *nos* separen, no *nos* confronten, *somos* un país demasiado importante como para vivir sin proyectos ambiciosos que tengan el apoyo estable de mayorías amplias. […] Pero mientras tanto, en lugar de esto, ustedes siguen barrenando cada día la convivencia, dinamitando la historia y el futuro comunes. Nosotros no queremos eso y por esta razón, señor Abascal, usted se permite llamarnos cobardes

A lo largo del discurso, en siete ocasiones activa su presencia como persona discursiva mediante el *yo*. Tal uso se da, sobre todo, en momentos transcendentales, como en el inicio del cierre:

(51) Acabo ya, señora presidenta. *Yo no quiero a España porque sea perfecta, la quiero para que lo sea.*

Por otro lado, nos encontramos con los *protagonistas*, los personajes a los que hace participar la persona discursiva en su intervención. Ya es frecuente la relación autor-personajes (teatro) o persona discursiva–protagonistas (intervención oral/escrito). Y es que Casado crea protagonistas cuyos puntos de vista y opiniones él maneja a su modo. Así, se identifica con unos: los españoles, el Partido Popular, los fallecidos por el coronavirus, en tanto que, en el otro extremo, estarían los partidos independentistas, los socios de Pedro Sánchez, Le Pen, el ministro Illa, Pedro Sánchez, pero sobre todo Abascal, cuyos dichos y hechos son interpretados, constantemente, de forma negativa:

(52) Planteó esta sesión como un acto de la precampaña catalana y emprendió una huida hacia adelante cuando el retraso electoral le dejó colgado de la brocha.

(53) Usted no dijo la verdad de los efectos de la división del voto, sobre sus planes y sobre sus propósitos reales; la ocultó, confundió deliberadamente al electorado, lo engañó; se sirvió de la buena fe de muchos españoles preocupados sinceramente por su país; utilizó su voto para...

El discurso del *otro*, práctica frecuente en el lenguaje de la comunicación política, sirve como un refuerzo más en cualquier acto argumentativo, bien esté en estilo directo, lo que solo sucedió en una ocasión:

(54) En política lo que no es posible es falso. Antonio Cánovas.

O en estilo indirecto, del que se valió en varias ocasiones:

(55) ... por eso no parece muy oportuno que ustedes pidan la supresión del Tribunal Constitucional y digan que comprenden el republicanismo confederal.

(56) ¿Por qué me pide hoy a mí un 'España suma' parlamentario imposible después de haber rechazado hace apenas unos meses un 'España suma' electoral generoso, necesario y ganador? (**Aplausos**).

2.2.2.3 En último lugar, por lo que hace a los *condicionantes ideológicos*, Casado es un político de derechas, líder de un partido liberal, conservador: el Partido Popular. Según el barómetro del Centro de Investigaciones Sociológicas (julio de 2017), en una escala donde el 1 es la izquierda y el 10, la derecha, los españoles ubican al Partido Popular en el 8,26. Bien cierto es que este dato podría ir disminuyendo algo en nuestros días, tras el ascenso electoral, en el ámbito nacional, de otro partido más a la derecha, como es Vox. Precisamente, el discurso analizado tiene como tema esencial el intento, por todos los medios, de Casado de marcar distancias con este último partido, al que sitúa en repetidas ocasiones en la extrema derecha. Es esta la causa que justifica los constantes ataques al rival, a la par que hace una defensa a ultranza de los logros de su opción política. Se pretende, con ello, recuperar esa parte del electorado que pasó de los populares a Vox, tras el auge de esta formación. Por ello, consciente de que son los más apegados a la derecha quienes abandonaron su partido para votar a Vox, Casado remacha su posición tradicional ante ciertos principios, como la defensa de la vida frente al aborto:

> (57) A mí ustedes no me van a dar lecciones de principios y valores. Yo siempre he defendido la vida —también en las situaciones límite y en mi propia casa—, como he defendido la reconciliación y la concordia.

Y va a enfrentarse con todas sus fuerzas a un Gobierno de izquierdas, como es el que en ese momento ejerce en España. Y lo va a hacer con la defensa de programas de derechas, como corresponde a un partido tradicional y responsable de esa ideología, y no como hace Vox. Por ello, por ser un partido garante y comprometido, ya han presentado una alternativa para defender los valores de dicha ideología:

> (58) Sí, también hemos presentado una alternativa a la contrarreforma educativa, una ley contra la ocupación, un plan de choque económico, un pacto de Estado sanitario y la renovación del de pensiones. [...] Así se lidera la oposición y una alternativa creíble, no recitando hazañas bélicas y cabalgando un ejército de *trolls* en las redes de Bannon y Le Pen.

> (59) Frente al revisionismo histórico, defendamos la Transición y la Monarquía constitucional. Frente al feminismo dogmático, ocupémonos de crear empleo para dos millones de mujeres desempleadas. (**Aplausos**). Para defender la propiedad privada, actuemos contra la ocupación ilegal y los impuestos confiscatorios. Por la libertad individual, defendamos la educación concertada y la especial. Por la seguridad personal, mantengamos la prisión permanente revisable y la lucha contra la inmigración ilegal, sin racismo ni buenismo.

Capítulo 3

EJERCICIOS SOBRE CONDICIONANTES

A. *Cuestiones sobre formalidad y registro*

A.1 *Cuestión primera*
A continuación presentamos dos fragmentos de dos discursos. El primero pertenece a una comunicación presentada en un Foro organizado por la Comunidad de Madrid (21/06/2007); el segundo lo emitió el presidente del Gobierno español Mariano Rajoy en una sesión de investidura (02/03/2016)]. Si tuvieras que señalar los dos condicionantes que para ti más parecen motivar sus diferencias, ¿cuáles considerarías?:

Texto 1

Buenas tardes // y primero agradecer la la invitación que me han hecho a participar en esta jornada /// y bien / yo voy a ser… voy a intentar ser lo más breve posible // voy a ver si con doce minutejos, así / ni pa(ra) ti ni pa(ra) mí / y lo dejamos /// bien / yo creo … // y siempre digo que yo no hablo en nombre de los jueces, ni en nombre de los jueces de menores // yo …mis opiniones son discutibles / y mis sentencias son apelables // por lo tanto estoy abierto al coloquio y al diálogo //pero yo creo que hay que llamar a las cosas por su nombre // y creo que en este país se habla poco claro / sobre todo cuando hablamos de menores /// después de la Constitución y después de la ley de 1996, en España se es menor de edad hasta los 18 años // luego un chaval / si quiere vivir como mayor de edad / tiene dos posibilidades: esperar a cumplir los 18 años // o coger cuando tenga 16 años / se va con su padre al juzgado de primera instancia / se emancipa / y tendrá ciertos beneficios como mayor de edad // si no es así / se es menor de edad hasta los 18 años // para lo bueno y para lo malo ///

Texto 2

El señor **PRESIDENTE DEL GOBIERNO EN FUNCIONES** (Rajoy Brey): Señor presidente, señorías, tomo la palabra en nombre del Grupo Parlamentario Popular para anunciarles nuestro voto en contra a la candidatura del señor Sánchez. **(Aplausos.—Rumores).** La razón más obvia, aunque no la única ni la más importante, es que se trata de una candidatura ficticia, irreal. El señor candidato, en lugar de intentar articular en serio una mayoría suficiente, que es lo que se supone debe hacer un candidato, ha preferido no hacerlo por razones que nada tienen que ver con el Gobierno de España o los intereses de los españoles, sino exclusivamente con los planes particulares del señor candidato. **(Un señor diputado: ¡Muy bien!).** En otras palabras, ha venido usted, mejor dicho, vino usted ayer, sin que nadie le hiciera sombra, a presentar una candidatura para formar Gobierno cuando en realidad no ha movido un dedo para formarlo **(Varios señores diputados pronuncian palabras que no se perciben)**.

A.1 *Respuesta*

Aun siendo el inicio de dos intervenciones orales formales, hay dos condicionantes que podrían justificar las diferencias lingüísticas entre ellas. El primero es que el texto 1 pertenece a un registro técnico-próximo, con tendencia al formal medio cuando no al coloquial, en tanto que el texto 2 se ubica en un registro técnico-distante, sin la menor concesión a ninguno de los registros anteriormente citados. El segundo aspecto, tan determinante como el anterior, es que el texto 2 nos presenta unas estructuras más complejas, mejor organizadas, y es que es un texto previamente escrito para ser oralizado en tanto que el 1 es meramente oral. Por tanto, vemos diferencias, en principio, de registro y de modalidad.

A.2 *Cuestión segunda*

Los dos condicionantes que hemos considerado, ¿cómo inciden en el texto 1?

A.2 *Respuesta*

Nos encontramos ante un fragmento formal en el que el emisor se dirige a unos destinatarios en un registro técnico-próximo. El orador es un juez de menores que habla en su condición de tal. El inicio, con las «buenas tardes» y el «agradecimiento» por la invitación que le habían hecho «a participar en esta jornada», así lo confirman. Asimismo, percibimos que se habla sobre cuestiones técnicas: «sobre todo cuando hablamos de menores; después de la Constitución y después de la ley de 1996, en España se es menor hasta los dieciocho años». Pero sucede que esa *formalidad-próxima*, que suele predominar en una intervención alocutiva como esta, en ocasiones por deseo del ponente, pasa a ser de una formalidad *próxima* a *desenfadada*, o sea, el emisor rompe las ligaduras que tal tipo de situación suele imponer y se acerca al registro coloquial. Ejemplos de esto los tenemos en el empleo de «minutejos», «ni pa(ra) ti, ni pa(ra) mí» o con el anacoluto que encontramos tras «yo creo...». El juez de menores, con estos usos y el empleo constante del *yo*, desea presentarse ante la audiencia como un padre más, con los mismos problemas que tienen los que asisten al acto. Parece cambiar lo que es una actividad institucional por otra casi privada. Ello no es óbice para que alterne dichos usos con otras formas y mecanismos que dan un aspecto más formal a su registro: los conectores argumentativos («por lo tanto», «luego») o los enunciados formados por actos aditivos: «si quiere vivir como mayor de edad, tiene dos posibilidades: esperar a cumplir los 18 años o coger cuando tenga 16 años, se va con su padre al juzgado de primera instancia, se emancipa y tendrá ciertos beneficios como mayor de edad».

A.3 *Cuestión tercera*
Los condicionantes contemplados, ¿cómo repercuten en el texto 2?

A.3 *Respuesta*
El grado de formalidad propio del registro técnico-distante está ya presente desde el inicio, cuando, protocolariamente, el emisor, el Sr. Rajoy, se dirige a sus receptores mediante los vocativos «Señor presidente», «señorías», «Sr. Sánchez», «señor candidato». No solo el campo específico no se abandona, sino tampoco el institucional, como corresponde a un discurso ubicado en el registro citado. Por otro lado, el grado de formalidad es máximo y eso se muestra en una sintaxis correcta con actos discursivos perfectamente enlazados mediante conectores («aunque», «sino», «en otras palabras», «mejor dicho»). Aquí no ha lugar al anacoluto ni a los enunciados inacabados, sino al empleo de un vocabulario culto: «la razón más obvia», «candidatura ficticia, irreal», «intentar articular», etc. Su condición de texto escrito para ser oralizado es lo que explica construcciones tan formales, tan complejas y tan bien estructuradas como algunas de las emitidas: «El señor candidato, en lugar de intentar articular en serio una mayoría suficiente, que es lo que se supone debe hacer un candidato [...] cuando en realidad no ha movido un dedo para formarlo».

B. *Cuestiones sobre modalidad y género*

B.1 *Cuestión primera*
Los dos siguientes textos pertenecen a una modalidad distinta (oral y escrito-oralizada) y a un género diferente (debate y discurso). ¿Podrías

explicar de qué modo se exteriorizan en una primera lectura estos dos condicionantes en ambos textos?:

Texto 1

Pedro Sánchez: ...Y, por cierto, señor Casado, me gustaría que les dijese a sus candidatos y sobre todo a sus candidatas que no es no y que cuando una mujer no dice sí es no. Lo digo porque hay una experiencia clara por parte de las mujeres y es que cuando se sienten coaccionadas hay ocasiones en las que no pueden decir que no. Ahí está el caso de las manadas. Y, por cierto, también le digo una cosa, dígales a sus amigos ausentes de la ultraderecha que el vientre de una mujer no es un taxi. Y a usted, señor Rivera, le digo que el vientre de una mujer no se alquila.

Albert Rivera: O sea, que usted decide por las mujeres, ¿o deciden las mujeres adultas libremente? ¿Usted qué dice, la gestación subrogada? No sea carca, señor Sánchez, estamos en el siglo XXI, la eutanasia, la muerte digna, la gestación...

Pedro Sánchez: Para usted lo moderno es que no existe el Salario Mínimo Interprofesional y que las mujeres alquilen el vientre.

Albert Rivera: Señor Sánchez, es que usted es muy antiguo porque me habla..., no dice..., no se ha leído ni la ley.

Pedro Sánchez: No, no es antiguo, lo que creo es en la justicia social.

Albert Rivera: No se ha leído ni la ley.

Pedro Sánchez: Creo en el feminismo sin ningún tipo de adjetivos, señor Rivera.

Albert Rivera: No, usted es excluyente.

Pedro Sánchez: No soy excluyente.

Albert Rivera: Mire, todos los españoles... tienen la imagen...

Texto 2

El señor **PRESIDENTE DEL GOBIERNO** (Sánchez Pérez-Castejón):... El artículo 113 de nuestra Constitución, señorías, establece de manera meridianamente clara cuál es el procedimiento de moción de censura. Es un procedimiento por el cual se permite a una mayoría parlamentaria alternativa votar un Ejecutivo alternativo al actual, una vez escuchado y debatido el programa de gobierno del candidato. Me gustaría subrayar al principio de este debate este hecho. Nuestra Carta Magna define la moción de censura como un instrumento legítimo y constitucional —aunque aquí se haya puesto en cuestión en algunos otros debates el instrumento de la moción de censura—, haciendo que nuestra moción de censura sea sobre todo y ante todo una moción constructiva, donde el candidato lo que tiene que hacer es exponer las líneas maestras de su Gobierno alternativo y solicitar la confianza mayoritaria de la Cámara. Por tanto —reitero—, la moción de censura es un procedimiento constitucional, es un procedimiento legítimo. Por ello, señorías, señor candidato, el Gobierno que tengo el honor de liderar afronta este debate con el profundo respeto que representa esta Cámara y la gran democracia española que todos ustedes representan. Sin embargo, tengo que decirle, señor candidato, que por lo escuchado hasta ahora esta moción de censura es de todo, menos constructiva. Se ve a la legua que el señor Abascal no ha venido aquí pensando en obtener la confianza de la Cámara, la confianza de sus señorías. Si recuerdan, esta moción de censura fue anunciada en el mes de julio, presentada en el mes de septiembre y sustanciada en el mes de octubre. Si recuerdan también, esta es una moción donde el propio candidato manifestó no tener intención de defenderla.

B.1 *Respuesta*
El primer texto pertenece a un debate político entre candidatos a la presidencia del Gobierno de España, debate que, en esos momentos de mayor enfrentamiento, está dominado por tal inmediatez comunicativa que sus mensajes no son solamente muy dinámicos, sino también fuertemente emocionales. Tales aspectos conciben unos enunciados breves, sencillos, más preocupados por la respuesta oportuna contra el adversario que por la forma en que son emitidos. En este texto primero, el género debate hace que la preocupación por un buen uso lingüístico quede reducida al modo de argumentar para poder vencer a su rival o, al menos, evitar que aquel pueda hacerlo. Es un texto que, claramente, pertenece a la modalidad oral. El segundo, en cambio, es escrito, aunque concebido para ser oralizado. Y esta modalidad lleva consigo que sus mensajes no sean tanto emocionales cuanto proposicionales, pensados previamente con mucho detenimiento. Esto hace que su estructura sea planificada, la cohesión entre sus enunciados esté determinada y, por otra parte, su género, un discurso, perteneciente al subgénero parlamentario, haga que este haya de respetar una serie de rituales propios de su naturaleza monologal. Se trata, por tanto, de textos diferentes con condicionantes de distinto tipo.

B.2 *Cuestión segunda*
¿Qué aspectos distinguidores de los condicionantes citados destacarías en el texto primero, o sea, en el del debate político?

B.2 *Respuesta*
La modalidad oral de este fragmento y, por tanto, su inmediatez comunicativa, permite, por ejemplo, la presencia de algunos usos que no serían propios de lo escrito, máxime en situaciones tan tensas como esta que se recoge en dicho fragmento. Así, encontramos *a)* enunciados interrumpidos e inacabados: «Señor Sánchez, es que usted es muy antiguo porque me habla..., no dice..., no se ha leído ni la ley». «Mire, todos los

españoles... tienen la imagen...»; *b*) la repetición de marcadores textuales de progresión temática desarticuladora, repetición que indica, generalmente, falta de planificación y cuya presencia se hará mayor cuanto menor sea la conciencia lingüística; es lo que sucede con la reiteración de *por cierto*: «Y, *por cierto*, señor Casado, me gustaría que les dijese a sus candidatos y sobre todo a sus candidatas [...] Ahí está el caso de las manadas. Y, *por cierto*, también le digo una cosa»; *c*) la repetición inconsciente de términos, en este caso del verbo *decir*, en un primer y corto fragmento de la intervención: «les dijese», «lo digo», «pueden decir», «le digo» y «dígales», y *d*) el predominio de enunciados con estructuras sencillas y, generalmente paratácticas; por ejemplo, «O sea, que usted decide por las mujeres, ¿o deciden las mujeres adultas libremente? ¿Usted qué dice, la gestación subrogada? No sea carca, señor Sánchez, estamos en el siglo XXI, la eutanasia, la muerte digna, la gestación».

B.3 *Cuestión tercera*
El segundo texto, decíamos, es un texto escrito para ser oralizado y forma parte de un discurso parlamentario. ¿Cómo se muestra este tipo de modalidad en él? ¿Cuál es el grado de conciencia lingüística?

B.3 *Respuesta*
Esta modalidad adquiere, salvo casos excepcionales, los rasgos de un discurso escrito: máxima planificación, enunciados hipotácticos, empleo de brillantes mecanismos discursivos (series enumerativas, contrastes) etc. La naturaleza de discurso parlamentario implica una elaboración detenida, pues cada palabra ha de significar de modo que el mensaje sea más eficiente, algo que se pretende desde la distancia comunicativa en que se lleva a cabo. Basta con repasar la intervención para ver aspectos tan propios de la modalidad como la acertada cohesión entre las partes, bien mediante términos «es el *procedimiento* de moción de censura. Es un *procedimiento*...»; bien, sobre todo, con marcadores funcionales: «aunque», «por tanto», «por ello», «sin embargo», etc.. También, propio de la distancia comunicativa en que se elabora el texto, cabría indicar la riqueza léxica, la aportación de datos técnicos, etc. Por otro lado, el subgénero discurso parlamentario implica la oralización del texto, porque así lo exige el ritual, o sea, la puesta en escena de lo escrito ante unos interlocutores: «Por ello, *señorías, señor candidato*, el Gobierno que tengo el honor de liderar afronta este debate con el profundo respeto que representa esta Cámara y la gran democracia española que *todos ustedes* representan»; «Se ve a la legua que el *señor Abascal no ha venido aquí* pensando

en obtener la confianza de la Cámara, la confianza de *sus señorías*». «*Si recuerdan…*»; «*Si recuerdan* también, esta es una moción donde el propio candidato manifestó no tener intención de defenderla».

C. *Cuestiones sobre contexto y grado de conciencia lingüística*[2]

C.1 *Cuestión primera*
En los enlaces: <https://n.9cl/79op8> y <https://n9.cl/iopsg> pueden verse dos entrevistas llevadas a cabo en un mismo medio de comunicación: la televisión. Aunque las dos pertenecen al subgénero informativo y no psicológico, la conciencia lingüística en ambos entrevistados es muy distinta. Los motivos que condicionaron tales actitudes pudieron estar basados en dos hechos: *a)* la diferente teatralidad con la que se llevan a cabo ambas entrevistas, y *b)* los personajes entrevistados: uno es un futbolista profesional uruguayo, pero en un campeonato menor, en la liga de Guatemala; por tanto, es un obrero del fútbol cuya única intención es responder al periodista, sin más. El otro entrevistado es una figura importante del toreo, preocupado por su imagen, que quiere mostrarse como un hombre culto. ¿De qué manera se reflejan ambos aspectos desde un primer momento, incluso antes de que empiece la entrevista?

C.1 *Respuesta*
Evidentemente, estamos ante una teatralidad muy distinta. El marco en que se desarrolla la entrevista del futbolista tiene un modesto decorado, una pared con un azul algo desteñido como fondo; el del torero, en cambio, es totalmente distinto: hay música ambiental y periodista y entrevistado aparecen rodeados de focos y en un espacio preparado para la ocasión. Este espacio es la antigua plaza de toros de Vista Alegre (Madrid), ya convertida en ese momento en un edificio multiusos (Palacio Vistalegre Arena). A estas diferencias, podríamos añadir los atuendos de los cuatro protagonistas; así, el torero viste de forma original, con sombrero de copa, gabán, pañuelo anudado al cuello y zapatos bicolor; en tanto, el futbolista aparece con una modesta camiseta y tomando mate; un periodista, el taurino, se muestra con chaqueta oscura, mientras que el deportivo, con solo camisa. Ambos hechos predisponen a que el con-

---
[2] De los doce ejercicios que presentamos en los dos volúmenes, solo en este no aparece texto alguno de discurso político. Su inclusión se debe a ser un ejemplo claro, difícil de encontrar en nuestro campo, del efecto que la conciencia lingüística puede ejercer en la realización de un discurso oral, en este caso en dos entrevistas informativas con unos protagonistas de un nivel sociocultural medio-bajo. Está sacado de Cortés (2009).

dicionante *conciencia lingüística* incida de manera diferente en los dos entrevistados, lo que repercutirá en sus exposiciones orales.

C.2 *Cuestión segunda*
Pensamos que hay un aspecto, por encima de los demás, que parece reflejar la distinta conciencia lingüística de uno y otro entrevistado; ¿cuál sería para ti en estos dos fragmentos sacados de las entrevistas?

TEXTO 1

1P$_{ERIODISTA}$ D$_{EPORTIVO}$.- […] Gastón, bienvenido // primeramente tu saludo para toda la afición de Zacapa y Chiquimula ///

1F$_{UTBOLISTA}$.- *bueno / la verdad que* sí // buenos días // *y bueno / la verdad que* contento *de de* haber llegado // *la verdad que* después de mucho tiempo de *digamos de* sufrimiento / porque fue una lesión *la verdad que* dura / bueno estamos aquí // *y bueno* y ahora tratar de ponernos bien físicamente ///

2PD.- Gastón / recuerdo la última entrevista que te hicimos precisamente en el estadio Darío Ordoñez Vardales / precisamente antes de retirarte a tu país que nos indicabas que te iban a hacer la operación // y nos gustaría que nos comentaras para que todos los aficionados supieran ¿qué exactamente fue lo que pasó con Gastón? // ¿cómo fueron estos seis meses para tu persona Gastón Linares ///

2F.- *bueno / la verdad que que* antes de salir de aquí de Guatemala pensé que era era una un problema de los meniscos // pero *la verdad que* cuando llegué allá a Uruguay fui a ver a cinco doctores / y *la verdad que* me dijeron que tenía otro problema más grave que era de los ligamentos cruzados // *y bueno la verdad que* estuve un mes en Uruguay /y ahora llevo cinco meses desde que me he operao ///

3PD.- bien / Gastón / en relación a esto ¿cómo viste tu futuro en caso …bueno con el equipo zacapaneco y como profesional futbolísticamente hablando? ///

3F.- *bueno / la verdad que* un poco triste // porque a mi me tocó irme a fines de marzo donde *la verdad que* el equipo precisaba de todos de todos los jugadores //y irme así de esa manera creo que final del campeonato no fue muy alegre // pero *bueno creo que la verdad que* la lesión indicaba que tenía que operarme allá // además allá conocía a los doctores // y *bueno la verdad que* esos seis meses fueron fueron duros estuve normalmente ///

TEXTO 2

1P$_{ERIODISTA}$ T$_{AURINO}$.- nos encontramos en el Palacio de Vista Alegre donde el próximo 29 de febrero José Antonio Morante de la Puebla escenificará lo que va a ser su vuelta a los ruedos españoles // bueno /José Antonio nunca habías supongo conocido Vista Alegre con este entorno con este silencio con esta oscuridad // ¿qué sensaciones te transmite? ///

EJERCICIOS SOBRE CONDICIONANTES   61

1T$_{ORERO}$.- pues bueno / unas sensaciones extrañas ¿no? en principio // y a la vez tiene ... no sé ... // le veo fuerza ¿no? fuerza // le veo misterio ... // y parece parece mentira que sea una plaza de toros ¿no? / tan envuelta en... // parece como un cine un teatro ¿no? ///

2PT.- ¿por qué Vista Alegre para volver a España? ///

2T.- bueno / Vista Alegre porque creo que reúne las condiciones que que creo que debe reunir mi vuelta a los ruedos en España // es una plaza importante ¿no? // porque pensé en Madrid también / en las Ventas / pero veía un poquito repetitivo ¿no? / y no quería ser ... // pues bueno / repetir los seis toros como en las Ventas // y entonces pues decidí escoger un escenario parecido / de una importancia a lo mejor no tanta // pero que tuviera que tuviera una gran capacidad de espectadores // y bueno / también por la proximidad de las fechas que sea una plaza cubierta / por por la lluvia o el mal tiempo que ... ///

3PT.- José Antonio / vamos a rebobinar / vamos a situarnos en junio del año pasado // ¿qué sucedió para que dijeras basta / corto /me voy? ///

3T.- bueno / sucedió pues que al decidir que que Rafael no siguiera apoderándome ehhh me sumí en una en una tristeza ehhh desoladora ¿no? un poco // porque eran muchas las ilusiones que que pusimos los dos ¿no? en la temporada // y aun sin haber salido mal la temporada ¿no? / porque la verdad que que hubo tardes felices // creo que a medida que y a continuación que iban sucediendo las fechas pues cada vez se complicaba un poco más todo / lo que era el orden ¿no? que debe llevar un torero a la plaza // entonces decidí de de no torear más / de cortar la temporada ///

C.2 *Respuesta*

En las respuestas que se dan en una entrevista, hay tres momentos complicados para la fluidez verbal: el inicio de la respuesta, el final y el momento de conexión de unas ideas con otras. Es en esos instantes cuando la citada fluidez se dificulta y aparece el temor al silencio (*horror vacui*). Ante esta alarma, nos solemos valer de expletivos, es decir, de rellenos como *bueno*, *pues bueno*, *hombre*, etc., que todos empleamos mientras pensamos cómo empezar, seguir o terminar. Es lo que hace el torero con «bueno» y «pues bueno», que utiliza al inicio de sus respuestas, pero lo hace una sola vez. El problema surge cuando estos expletivos se convierten, al repetirlos una y otra vez, en muletillas; estas, a modo de tics nerviosos, se emplean cada vez que falla la fluidez, sobre todo en el momento inicial y a la hora de conectar ideas cuyo nexo desconocemos o no somos capaces ni siquiera de pensar en la conveniencia de su utilidad. Tal empleo de muletillas afea cualquier discurso y le da un tono farragoso y monótono. Esto es lo que encontramos en el texto del futbolista con «bueno, la verdad que». Pensemos que, en la primera respuesta de este, de las cuarenta y siete palabras de que consta el enunciado, algo más de veinte son palabras vacías, que no aportan significado alguno. Tal abuso, que no se da en el torero, es una muestra de la poca conciencia lingüística que encontramos en el entrevistado. Consideramos que este es el aspecto más significativo de la escasa conciencia lingüística que se da en el futbolista.

C.3 *Cuestión tercera*
Parece evidente, como hemos insinuado, que es el torero quien muestra una conciencia lingüística mayor, lo que, en principio, hace suponer un uso más cuidado del lenguaje. ¿Cómo se manifiesta lingüísticamente esa mayor conciencia en su actuación?

C.3 *Respuesta*
En un primer momento, la preocupación del torero por hablar bien se muestra en la parsimonia con que lo hace. Quiere hablar despacio y para ello se ayuda tanto de pausas largas como de ciertos mecanismos expletivo-retardadores, que repite algunas veces a lo largo de la entrevista: «¿no?», «ehhh», «creo», «entonces», así como de la repetición, a veces, de una misma palabra «parece, parece…», «que tuviera, que tuviera…». Tal contención hace que reduzca el número de muletillas al retardador «¿no?», con el que suele cerrar la mayoría de sus actos discursivos. Ese grado de conciencia lingüística lleva al torero a cuidar poderosamente tanto el léxico como sus expresiones: el léxico, con términos, entre otros, como «me sumí», «desoladora»; en cuanto a las expresiones, alguna como «eran muchas las ilusiones» o esta serie enumerativa paralelística: «le veo fuerza ¿no? fuerza // le veo misterio». Asimismo, se vale de un buen número de conectores: «porque», «pero», «pues», «entonces» o el «aun», en «aun sin haber salido».

GLOSARIO DE TÉRMINOS

acto discursivo: unidad de segmentación que, aun con autonomía comunicativa, se presenta integrada en el *enunciado**, bloque superior perteneciente a las llamadas *unidades en procesamiento**. El acto discursivo puede ser simple o complejo; en este caso, estará formado por dos o más *subactos**.

asunto: unidad de contenido formada por una o más ideas relacionadas entre sí por homogeneidad temática. Tal contenido aporta nueva información a su unidad superior, el *subtema**, la cual se incorporará y cumplirá semejante función en el *tema**. La diferencia entre las unidades citadas no está en la nueva información, que estará en las tres, sino en la mayor o menor autonomía de su contenido con respecto a lo anterior y posterior, aspecto que será mayor en el *tema* y menor en el *asunto*. Todas ellas forman parte de las *unidades temático-textuales**.

campo de acción: área discursivo-tecnolectal que, aún con sus distintos *géneros** y *subgéneros**, se plantea unos objetivos profesionales comunes. Nos referimos a espacios como el político, el periodístico, el publicitario, el docente, etcétera.

coherencia: relación pragmática que se da entre las diferentes unidades discursivas y que se basa en la información y en la aceptabilidad. Así, ante una pregunta cómo «¿qué hora es?», no cabe una respuesta como «Por eso los domingos cierran las carnicerías». Ni un enunciado admitirá dos actos como estos: «Es una persona muy virtuosa. De hecho solía maltratar a buena parte de su familia».

cohesión: conjunto de medios lingüísticos que hacen posible la trabazón sintáctico-semántica del discurso. Permite que un conjunto de *enunciados**, *actos** o *subactos** pueda aparecer como un texto y no como un conjunto de fragmentos sin relación entre ellos.

condicionantes: factores que determinan y ciñen las posibilidades que, *a priori*, se supone que tiene un sistema lingüístico para consumar cualquier producción (lo que oímos, lo que vemos, lo que llega hasta nosotros). Hemos distinguido seis tipos de condicionantes: *lectal**; *de medio o modalidad**, según el *grado de conciencia del hablante**, *funcional**, *situacional** e *ideológico**. Los condicionantes se han de aunar con la *variación externa*.

condicionante de grado de conciencia: se refiere a la mayor, menor, escasa o nula preocupación del hablante/escritor por los aspectos formales de su actuación lingüística, lo que determinará, en buena parte, la selección que se haga del léxico, de la manera de conectar los *actos**, del uso de las pausas, de las herramientas no verbales (gestos, manos), etcétera.

condicionante de modalidad o medio: componente discursivo que restringe las posibilidades del sistema según que su forma de expresión sea escrita, oral o eléctrico/electrónica. Así, por ejemplo, lo kinésico, lo prosódico o las muletillas o los *actos discursivos** inacabados no serán propios de la modalidad escrita. En la modalidad eléctrico-electrónica encontraremos rasgos característicos de las otras dos.

condicionante funcional: componente discursivo que limita las opciones del sistema según la elección que se haga, si bien, generalmente esta vendrá impuesta por tres factores tan importantes como son el *género** (v.g. una carta, un discurso, un debate...), el *registro** (v.g. coloquial, técnico-distante...) y el *campo de acción** (v.g. político, publicitario...).

condicionante ideológico: ingrediente discursivo que restringe las posibilidades del sistema dadas las creencias del hablante/escritor; así, el que una persona sea de derechas o de izquierdas, católico ferviente o ateo, racista o antirracista, parece normal que tal condición incida en su discurso. Esto es así porque el lenguaje no es neutro, entre otras cosas porque quien habla deja en su discurso huellas de su propia enunciación y revela así su presencia subjetiva.

condicionante lectal: elemento discursivo que ciñe las opciones del sistema según una serie de factores que se dan en el hablante/escritor, como su lugar de nacimiento (aspecto dialectal), el nivel sociocultural, edad y sexo (aspecto sociolectal) o la profesión (aspecto tecnolectal); asimismo, se puede deber a posibles determinantes etnolingüísticos (aspecto etnolectal) o, finalmente, a la distinta concepción que sobre cuestiones tales como la cortesía, el humor, etc., se tenga en territorios con culturas diferentes, aunque en todos ellos se hable español (Argentina, México, Ecuador, España, etc.).

condicionante situacional: componente discursivo que limita las opciones del sistema según el marco en el que cabe ubicar el estado de comunicación de los participantes; así, las relaciones que los unen durante el intercambio (igualdad o desigualdad), la orientación enunciativa del hablante (si pregunta o responde), los personajes a los que hace participar en el discurso (personajes que se citan durante su intervención) o, finalmente, la persona discursiva desde la que habla (yo, nosotros).

concesión: mecanismo mediante el cual el político considera oportuno reconocer sus propias limitaciones o ser condescendiente con el adversario o interlocutor y otorgarle parte de la razón en el asunto sobre el que se está discutiendo; la finalidad es dar mayor veracidad a una segunda parte de su enunciado, cuyo contenido es el que quiere resaltar.

contraste: mecanismo con el que el político pretende distanciar lo bueno de lo malo, lo que él hace de lo que hacen los otros, lo que él dice de lo que dicen sus opositores, lo de ahora (si él está en el poder) frente a lo de antes (cuando estaban sus oponentes). Es la distancia entre dos términos, dos propuestas o dos actitudes que con la expresión de la antítesis refuerzan sus diferencias.

desarrollo lineal: modelo de la secuencia *desarrollo* en el que el político, en su discurso, se limita a presentar el estado de lo hecho hasta ese momento de su actuación, pero sin tratar sobre planes futuros.

desarrollo paralelo: modelo de la secuencia *desarrollo* en el que el político lo estructura en dos partes; la primera tratará de los aspectos citados en el *desarrollo lineal**, o sea, de lo que se ha hecho hasta ese momento, y otra parte segunda que se dedica al futuro, a lo que se va a realizar en años próximos.

discurso: término utilizado con una doble acepción a lo largo del libro. Por una parte, está el concepto amplio, como manifestación del lenguaje en uso (v.g. un cartel, un chiste, una noticia o un discurso del rey). Por otra parte, más restringida, está el discurso como *género**, como un tipo particular de manifestación dependiente de su contenido y de su estructura y que difiere, en este sentido, de otras formas de manifestación (v.g. de la entrevista, del sermón, de la conferencia o de la tertulia, por citar algunos casos).

disfemismo: proceso que lleva a designar el vocablo que alude a algún concepto con un matiz peyorativo o despectivo. En política, lo encontramos con términos como «recorte», «antisistema», «rescate», «sobresueldo», «línea roja», «populismo». Se opone a *eufemismo**.

efecto discursivo-interpretativo: consecución en el discurso, mediante determinados mecanismos y formas, de contenidos que transmitan resultados que puedan ser tenidos como humorísticos, irónicos, corteses, racistas, machistas, etcétera.

efecto discursivo-resultante: consecución en el discurso, mediante determinados mecanismos y formas, de contenidos cuyos resultados sean discursos que puedan ser juzgados como más claros, más correctos, más eficaces y más adecuados. Estos efectos serían la consecuencia positiva de tales estrategias.

enunciado: unidad de compleción, incompatible con la sensación por parte del oyente de que falta algo por decir; por el contrario, tras su emisión, resulta indudable la sensación de totalidad conclusa o provisionalmente conclusa que siente el emisor y que transmite al receptor. Es el bloque básico de las *unidades en procesamiento** y en él se integran el *acto discursivo** y el *subacto**.

eufemismo: proceso que lleva a evitar el vocablo con el que se designa algo inoportuno, negativo, molesto, etc., y se sustituye por otro más agradable, menos molesto o que, por ejemplo, encubra la acción negativa de aquel. En política lo encontramos en términos como «ajustes», «racionalización del gasto», «reestructuraciones», «saneamiento». Se opone a *disfemismo**.

género: categoría en que se pueden presentar las diferentes manifestaciones del lenguaje en uso que siguen determinadas técnicas formales y en su elaboración (v.g. una carta, un sermón, un debate, una entrevista, un chiste...). El género, a su vez, formará parte de un *macrogénero* (alocución, conversación, interrogatorio) y dará lugar a los *subgéneros*. Por ejemplo, el género *discurso**, que pertenecerá al macrogénero alocutivo, dará pie a subgéneros como el discurso parlamentario, el discurso de despedida de una empresa, el discurso de fin de curso, etcétera. De todos ellos, lo que interesa serán las técnicas formales y de contenido empleadas en su realización.

incidencia: forma de respuesta de los interlocutores, en los discursos parlamentarios, bien a lo dicho por el orador, bien a reacciones ante esto de otros interlocutores. Es 'la otra voz', que se va a expresar mediante aplausos, rumores, protestas, voces, risas o mediante la presidencia cuando solicita el silencio de la cámara o de algún diputado en particular, llame al orden a alguno de estos o al orador para que finalice su intervención.

ironía: mecanismo intensificador que se lleva a cabo a través de una expresión que da a entender algo contrario o diferente de lo que se dice. Empleada, generalmente, como burla oculta en el discurso político, es un arma arrojadiza que sirve tanto para atacar al adversario como para mostrar un cierto ingenio por parte de quien la emite.

kinésica y proxémica: cuestiones no verbales que, al manifestar estados y actitudes, se unen a la información del componente verbal y la intensifican. Nos referimos, especialmente, a los gestos (v.g. mover la cabeza, fruncir el ceño), a los ademanes de manos y de brazos y a la mirada. Un uso adecuado de ellos a la hora de apoyar la comunicación puede hacer más intenso y confirmatorio el discurso.

lenguaje ambiguo: término o expresión que puede comprenderse de diferente manera o generar confusión. En un enunciado como «Se deja desatendido un importante sector de la sociedad», será difícil saber si se refiere a un sector amplio o bien a un sector que, sin ser amplio, se considera conveniente atender por otras razones. En el lenguaje político, encontramos, a veces, la ambigüedad buscada con el objetivo de esconder, mediante la duda, la información que se estaría obligado a dar.

lenguaje partidista: término creado siguiendo dos procedimientos; el primero consiste en manifestar de forma suave y decorosa ideas cuya recta y franca expresión sería dura o malsonante (*eufemismo**); así sucede con «ajustes», «racionalización del gasto», «reestructuraciones», «saneamiento»; el segundo establece el manifestar la realidad con una expresión peyorativa, rebajarla de categoría, con objeto de utilizarla como herramienta de ataque (*disfemismo**); es lo que sucede con «recorte», «antisistema», «rescate», «sobresueldo», «línea roja», «populismo».

lenguaje redundante: término con el que se designan, según su condición semántica o discursiva, dos modos distintos de realización. En el primer caso, redundancia semántica, se presenta a través de palabras innecesarias para entender lo dicho, pues su significado ya está contenido en otra que la acompaña; así, «coordinación entre asesores» o «intermediación entre dos personas», pues en los vocablos coordinación e intermediación ya está implícito y explícito, respectivamente. En el segundo caso, redundancia discursiva, se muestra cuando, a lo largo de un fragmento, se utilizan demasiadas palabras para manifestar pocas ideas. Parece como si el hablante estuviera más ocupado en adornar lo que dice o de entretener el tiempo del que dispone que del asunto del que trata.

lenguaje vago: designa un tipo de lenguaje caracterizado por no determinar unos límites designativos precisos, de modo que su uso lleva, a veces, a una buscada falta de información, cuando no al engaño. Si un anuncio habla de una cerveza como «posiblemente la mejor cerveza del mundo», está valiéndose de un término vago («posiblemente») para crear la falsa creencia de que, si no es la mejor, deberá de ser de las mejores. Se expresa tanto con vocablos como «quizás», «relativamente», «algunos», etc., o en enunciados como «La universidad española cuenta con un gran número de buenos profesores» o «La educación sigue siendo manifiestamente mejorable».

mecanismos arquitectónicos: estrategias que hacen que cualquier tipo de discurso sea una obra cerrada, armónica y coherente; para ello, ha de tener no solo un proyecto, sino toda una técnica arquitectónica que permita su diseño, su producción y su sistémica construcción. Tales mecanismos tienen su realización en las *unidades de segmentación discursiva**, bloques de significado que los lingüistas intentan delimitar, fijar y denominar.

GLOSARIO DE TÉRMINOS 69

mecanismos enmascaradores: vocablos, sintagmas o estructuras que se crean con el fin de encubrir o disfrazar determinadas realidades. Se pueden expresar mediante el uso de diferentes procedimientos: *a)* de términos que designan realidades, bien peyorativas, bien atenuadoras (*lenguaje partidista**); *b)* de vocablos inconcretos, poco o nada significativos (*lenguaje vago**); *c)* de un excesivo número de palabras para un escaso o nulo contenido (*lenguaje redundante**), y *d)* de un manejo lingüístico con el que se puede crear la duda a la hora de interpretar su realización (*lenguaje ambiguo**). Cuando estos usos se hacen interesadamente para ocultar una determinada realidad se convierten en mecanismos enmascaradores.

mecanismos intensificadores: vocablos, sintagmas o estructuras con las se pretende poner de relieve determinadas ideas. Para ello, se hará un uso especial del lenguaje recurriendo a estrategias enfatizadoras. Por su frecuencia en el discurso político, objeto de este libro, nos hemos centrado en estos siete mecanismos: *repetición**, *serie enumerativa**, *pregunta retórica**, *concesión**, *contraste**, *ironía** y lo *kinésico/ proxémico**.

posicionamiento: estrategia mediante la cual el político se pasa del *nosotros* al *yo* con objeto de ganar en implicación y propiciar el aplauso. Suele llevarse a cabo, a modo de cierre, en el último acto de un enunciado en cuyos actos previos se había utilizado la primera persona del plural. El *yo* suele ir acompañado de verbos volitivos que exteriorizan la actitud del hablante en orden a la realización o deseo de realización de una acción.

pregunta retórica: pregunta que no quiere saber, pues su objetivo no es expresar una duda o pedir una respuesta sobre un asunto, sino presentar mediante ella una cuestión que el propio hablante quiere responder. Es un mecanismo de énfasis porque sirve de reclamo para intensificar el contenido de la citada respuesta y se emplea, como el resto de mecanismos intensificadores, en discursos en los que se persigue la persuasión del interlocutor.

realizaciones: se trata de lo producido por parte del hablante/escritor, es decir, de aquello que cualquier interlocutor ve, lee u oye −v.g. un chiste, un discurso parlamentario, una carta, un debate−. Será siempre el resultado, por un lado, de los *condicionantes** y, por otro, de una selección, entre las posibilidades que ofrece el sistema de una lengua. Tales realizaciones se nos presentan mediante, obviamente, unas *formas* (adverbios, marcadores del discurso, entonaciones, gestos, pronombres personales, etc.) y unos *mecanismos* (*intensificadores**, *enmascaradores** *y arquitectónicos**). Con tales formas y tales mecanismos se pretenderá conseguir tanto unos *efectos discursivo-interpretativos**, como unos *efectos discursivo-resultantes**. Las realizaciones hemos de asociarlas con la *variación interna*.

registro: variedad del lenguaje que viene condicionada por el grado de mayor o menor formalidad ante situaciones concretas y tras la observación de las normas y costumbres propias de la comunicación lingüística. De menor a mayor formalidad podemos distinguir estos registros: *familiar*, *coloquial* (v.b. conversaciones con conocidos), *formal medio* (v.b. conversaciones con personas poco conocidas), *técnico próximo* (v.b. el empleado por el profesor en el aula), *técnico distante* (v.b. conferencia académica) y *protocolario* (v.b. acto de juramento o promesa por parte de los ministros del Gobierno).

repetición: reincidencia en el uso de determinados vocablos, sintagmas o estructuras por considerar su significado de importancia para el mensaje que se quiere transmitir. En el discurso político, cabe destacar dos diferentes tipos de repetición: *a)* la de vocablos cuyo constante uso viene determinado por representar valores o acciones destacables por la derecha o por la izquierda, por el poder o por la oposición, etc. (*repetición ideológico-discursiva*) y *b)* la de un mismo vocablo que se repite, varias veces, en un fragmento no muy extenso del discurso con el objetivo de resaltar tal concepto ante los interlocutores (*repetición enfático-discursiva*).

refuerzo temático: mecanismo mediante el cual se dedica el último acto discursivo de un enunciado a reforzar algunos aspectos ya dichos en los actos anteriores. Para ello, se establece una conexión semántica de ese acto último con el resto del enunciado, conexión que puede ser de diferente tipo: consecutiva, argumentativa, reformuladora, etc. En algunos casos, los menos, se explicitan los marcadores del discurso (*en consecuencia, por tanto, es decir,* etc.), si bien lo normal es que tales relaciones se establezcan sin su presencia. Con tal mecanismo se pretende, en ocasiones, la propiciación del aplauso.

serie enumerativa: estructura repetitiva en la que determinados elementos, dos, tres, cuatro o más, mantienen una relación de simetría y equifuncionalidad, relación con la que se pretende incidir enfáticamente en la idea repetida. Puede ser de dos tipos: *serie enumerativa lineal** y *serie enumerativa paralelística**.

serie enumerativa lineal: estructura en que, a partir de un fragmento común (la matriz), se desarrollan varios vocablos (elementos) con un significado parecido y que, al incidir uno sobre otro, hacen que se refuerce el contenido de la aludida matriz. Cuando un político dice «Y yo por eso le pido el voto, para trabajar por usted, para ser útil a su familia, para servir a España», estamos ante una serie lineal, con una matriz «Y yo por eso le pido el voto» de la que se originan tres elementos, «para trabajar por usted», «para ser útil a su familia», «para servir a España», los cuales refuerzan la idea expresada en la aludida matriz. Tres es el número de elementos más empleado en este tipo de series, si bien pueden ser más.

serie enumerativa paralelística: estructura que consta de dos o más fragmentos discursivos, cada uno de los cuales tiene contenido propio y cuyo refuerzo enfático procede de la repetición de algunos términos comunes (uno o más) en el inicio de todos sus componentes. Así, en un ejemplo como «Fuiste tú quien dijo que todo era falso»; «fuiste tú quien dijo que era una horrorosa e interesada invención»; «fuiste tú quien dijo que éramos mentirosos», es esa parte común inicial la que propiciará la serie paralelística y la intensificación de todo el mensaje.

subacto: una unidad menor que, aun perteneciendo al ámbito discursivo, no goza de consumación pragma-discursiva. Esto quiere decir que es un fragmento que únicamente adquiere su sentido dentro de su *acto**, la unidad superior en que se integra. No alcanza, por tanto, la condición de ser una unidad de *comunicatividad*.

subsecuencia: parte del discurso que consta, generalmente, de varios *temas** con algún aspecto en común que permite la relación entre ellos. Es el bloque principal de las *unidades temático-textuales** y en ella se integran los *temas**, *subtemas** y *asuntos**.

subtema: *unidad temático-textual* intermedia entre el *asunto**, unidad menor, y el *tema**, unidad superior. La diferencia con este, no vendrá dada por la información nueva, que existirá en ambos, sino que el tema exige una mayor autonomía de su contenido con respecto a lo anterior y posterior, que no alcanza al subtema. Acoge los *asuntos**, cuya autonomía es, aún, menor.

tema: unidad discursiva de significado que tiene en común con sus unidades menores, el *subtema** y el *asunto**, la aportación de información nueva, pero que se diferencia por la mayor autonomía de su contenido con respecto a lo que le precede y sigue. Acoge fragmentos de comunicación con bloques de contenido común y autónomo con respecto al resto de la *subsecuencia** de la que forma parte.

unidades de segmentación discursiva: bloques representativos para la división en partes del discurso oral y, por tanto, diferentes a las unidades consideradas tradicionalmente para el lenguaje escrito (párrafo, oración, proposición, sintagma). Hemos considerado dos grandes grupos: a) *unidades procesadas** y b) *unidades en procesamiento**, si bien del primer apartado hemos distinguido, a su vez, dos tipos: a1) *unidades ilocutivo-textuales** y a2) *unidades temático-textuales**.

unidades en procesamiento: bloques de comunicación basados, además de en la *coherencia** entre sus elementos, en las relaciones de *cohesión** sintáctico-semántica entre estos. Se integran en las unidades procesadas y su elemento básico es el *enunciado**, que está compuesto de *actos** y de *subactos**. Pertenecen al plano enunciativo.

unidades ilocutivo-textuales: bloques de comunicación sacados a partir del ritual que se dará en la gran mayoría de manifestaciones (v.g. conversación, discurso presidencial, mitin, debate), que tendrán un inicio, un desarrollo y un cierre. Cada una de estas partes, denominada *secuencia*, dispondrá de unos temas y de unos rasgos propios. Aunque su duración puede variar, lo normal, en los discursos político-parlamentarios, es que ocupen, aproximadamente, el 10 % (inicio), el 80 % (desarrollo) y el 10 % (cierre).

unidades procesadas: bloques de comunicación que pertenecen al plano secuencial y se manifiestan mediante dos modelos distintos: *unidades ilocutivo-textuales** y *unidades temático-textuales**.

unidades temático-textuales: bloques de comunicación de contenido temático que se incorporan en las *secuencias**, en sus inicios, desarrollos y cierres. Su unidad básica es la *subsecuencia**, cuyas unidades integradas son *tema**, *subtema** y *asunto**.

BIBLIOGRAFÍA

ALVARADO, M. Belén y Luis CORTÉS (2017): «La risa en los debates en torno al estado de la nación», *LEA. Lingüística Española Actual*, XXXIX/1, 5-30.

BURGUERA-SERRA, Joan-Gabriel (2009): «La interrogación retórica a la luz de la gramática del texto», *ELUA. Estudios de Lingüística Universidad de Alicante*, 23, 31-50.

BULL, Peter (2006): «Invited and uninvited applause in political speeches», *British Journal of Social Psychology*, 45, 563-578.

BULL, Peter (2012): «The microanalysis of political discourse», *Philologia Hispalensis*, 26/1-2, 79-93.

CHANNELL, Joanna (1994), *Vague language*, Oxford, Oxford University Press.

CORTÉS, Luis (2008): *Comentario pragmático de comunicación oral, I: Un discurso parlamentario*, Madrid, Arco/Libros.

CORTÉS, Luis (2009): *Comentario pragmático de comunicación ora, II: Dos entrevistas informativas*, Madrid, Arco/Libros.

CORTÉS, Luis (2014): «Las unidades de segmentación y su entramado en un discurso de Rodríguez Zapatero [2011]», *Estudios de Lingüística del Español*, 35, 112-136.

CORTÉS, Luis (2015a): «Sobre incidencias en los debates en torno al estado de la nación», *Tonos Digital*, 28. En línea: <http://www.um.es/tonosdigital/znum28/00index.htm>.

CORTÉS, Luis (2015b): «El aplauso al presidente Aznar: estructuras sintáctico-pragmáticas que lo propician», *Anuario de Letras*, III, 25-64.

CORTÉS, Luis (2018): «La protesta como tipo de *incidencia* antagónica en el parlamento español», *Oralia*, 21/1, 7-30.

CORTÉS, Luis (coord.) (2008): *La serie enumerativa en el discurso oral en español*, Madrid, Arco/Libros.

DE GRACIA, Antonio (2001): «La persuasión en el discurso de Emilio Castelar». En J. A. Hernández Guerrero (ed.), *Emilio Castelar y su época. Ideología, retórica y poética*, Cádiz, Universidad, 175-188.

Hidalgo, Antonio (2017): «La ambigüedad en el lenguaje jurídico: su diagnóstico e interpretación a través de la lingüística forense», *Anuari de Filologia. Estudis de Lingüística*, 7, 73-96.

Platón, *Fedro* (1986): Traducción de E. Lledó Íñigo en AA. VV. (trads.), Platón, *Diálogos*, vol. III, Biblioteca Clásica Gredos, 93. Madrid, Gredos.

Poyatos, Fernando (2016): «El discurso en el contexto de la interacción personal y con el entorno en literatura», *Oralia*, 19, 227-256.

Ruiz de la Cierva, María del Carmen (2002): «El funcionamiento de la antítesis en los discursos de Emilio Castelar». En José Antonio Hernández Guerrero *y otros* (eds.), *Política y Oratoria: El lenguaje de los políticos*, Cádiz, Universidad/Ayuntamiento, 229-237.

Ruiz Gurillo, Leonor y M. Belén Alvarado (2013): *Irony and humor: From Pragmatics to Discourse*, Ámsterdam, John Benjamins.

Santiago Guervós, de, Javier (2015): «La relexicalización en el discurso político actual: el ejemplo de populismo a través de la prensa española», *BRAE*, XCV, 477-500.

Wigdorsky, Leopoldo (2004): «Algunas dimensiones de la redundancia», *Onomázein*, 2/10, 171-178.

Colección: Cuadernos de Lengua Española
Dirección: Leonardo Gómez Torrego

1. Gómez Torrego, L.: *Valores gramaticales de se* (6ª ed.).
2. Porto Dapena, J. Á.: *Complementos argumentales del verbo: directo, indirecto, suplemento y agente* (5ª ed.).
3. Gómez Torrego, L.: *La impersonalidad gramatical: descripción y norma* (4ª ed.).
4. Álvarez Martínez, Mª Á.: *El adverbio* (3ª ed.)
5. Álvarez, M.: *Tipos de escrito (I): narración y descripción* (10ª ed.).
6. Porto Dapena, J. Á.: *El complemento circunstancial* (3ª ed.).
7. González Calvo, J. M.: *La oración simple* (4ª ed.).
8. Alvar Ezquerra, M.: *La formación de palabras en español* (9ª ed.).
9. Romero Gualda, Mª V.: *El español en los medios de comunicación* (5ª ed.).
10. Reyes, G.: *Procedimientos de cita: estilo directo y estilo indirecto* (2ª ed.).
11. Ferraz Martínez, A.: *El lenguaje de la publicidad* (9ª ed.).
12. Martínez, J. A.: *La oración compuesta y compleja* (4ª ed.).
13. Casado Velarde, M.: *Introducción a la gramática del texto del español* (6ª ed.).
14. Reyzábal, Mª V.: *La lírica: técnicas de comprensión y expresión* (3ª ed.).
15. Álvarez, M.: *Tipos de escrito (II): exposición y argumentación* (10ª ed.).
16. Reyes, G.: *Los procedimientos de cita: citas encubiertas y ecos* (2ª ed.).
17. Bosque, I.: *Repaso de sintaxis tradicional: ejercicios de autocomprobación* (8ª ed.).
18. Gutiérrez Ordóñez, S.: *Estructuras comparativas* (2ª ed.).
19. Gutiérrez Ordóñez, S.: *Estructuras pseudocomparativas* (4ª ed.).
20. García Mouton, P.: *Lenguas y dialectos de España* (10ª ed.).
21. Ariza, M.: *Comentarios de textos dialectales* (3ª ed.).
22. Álvarez, M.: *Tipos de escrito (III): epistolar, administrativo y jurídico* (3ª ed.).
23. Reyes, G.: *El abecé de la pragmática* (11ª ed.).
24. Gutiérrez Araus, Mª L.: *Formas temporales del pasado en indicativo* (2ª ed.).
25. Álvarez, A. I.: *Las construcciones consecutivas* (2ª ed.).
26. Escandell Vidal, Mª V.: *Los complementos del nombre* (3ª ed.).
27. Guerrero Ramos, G.: *Neologismos en el español actual* (3ª ed.).
28. Vaquero de Ramírez, Mª: *El español de América (I)* (3ª ed.).
29. Vaquero de Ramírez, Mª: *El español de América (II)* (4ª ed.).
30. Fuentes, C.: *La sintaxis de los relacionantes supraoracionales* (4ª ed.).
31. Fuentes, C.: *Ejercicios de sintaxis supraoracional* (2ª ed.).
32. Martínez García, H.: *Construcciones temporales* (2ª ed.).
33. García Barrientos, J. L.: *El lenguaje literario (I)* (4ª ed.).
34. Juanatey, L.: *Aproximación a los textos narrativos en el aula (I)* (2ª ed.).
35. Gómez Torrego, L.: *Ejercicios de gramática normativa (I)* (3ª ed.).

36. GÓMEZ TORREGO, L. *Ejercicios de gramática normativa (II)* (3ª ed.).
37. GARCÍA, S.: *Las expresiones causales y finales* (2ª ed.).
38. BRIZ, A.: *El español coloquial: situación y uso* (8ª ed.).
39. LÓPEZ EIRE, A.: *Retórica clásica y teoría literaria moderna* (2ª ed.).
40. CORTÉS RODRÍGUEZ, L. y A. M. BAÑÓN HERNÁNDEZ: *Comentario lingüístico de textos orales (I): teoría y práctica* (2ª ed.).
41. ÁLVAREZ, M.: *Tipos de escrito (IV): escritos comerciales* (2ª ed.).
42. CORTÉS RODRÍGUEZ, L. y A. M. BAÑÓN HERNÁNDEZ: *Comentario lingüístico de textos orales (II): el debate y la entrevista* (2ª ed.).
43. QUILIS, A.: *Principios de fonología y fonética españolas* (11ª ed.).
44. PORTO DAPENA, J. Á.: *Oraciones de relativo* (2ª ed.).
45. PORTO DAPENA, J. Á: *Relativos e interrogativos* (2ª ed.).
46. GUTIÉRREZ ORDÓÑEZ, S.: *Temas, remas, focos, tópicos y comentarios* (2ª ed.).
47. MEDINA LÓPEZ, J.: *Lenguas en contacto*.
48. CARRICABURO, N.: *Las fórmulas de tratamiento en el español actual* (2ª ed.).
49. PÉREZ BAJO, E.: *La derivación nominal en español*.
50. LÓPEZ EIRE, A.: *La retórica en la publicidad* (2ª ed.).
51. MEDINA LÓPEZ, J. *El anglicismo en el español actual* (2ª ed.).
52. JUANATEY, L.: *Aproximación a los textos narrativos en el aula (II)* (2ª ed.).
53. MALDONADO, C.: *El uso del diccionario en el aula* (2ª ed.).
54. GARCÍA FERNÁNDEZ, L.: *El aspecto gramatical en la conjugación* (2ª ed.).
55. ANULA REBOLLO, A.: *El abecé de la psicolingüística*.
56. GARCÍA BARRIENTOS, J. L.: *Las figuras retóricas* (6ª ed.).
57. MORIMOTO, Y.: *El aspecto léxico: delimitación*.
58. FUENTES RODRÍGUEZ, C.: *Las construcciones adversativas*.
59. MEILÁN GARCÍA, A. J.: *Construcciones locativas y cuantitativas*.
60. LEONETTI, M.: *Los determinantes*.
61. FUENTES RODRÍGUEZ, C.: *La organización informativa del texto* (2ª ed.).
62. JIMÉNEZ FERNÁNDEZ, R.: *El andaluz*.
63. FERNÁNDEZ LAGUNILLA, M.: *La lengua en la comunicación política (I): El discurso del poder* (2ª ed.).
64. FERNÁNDEZ LAGUNILLA, M.: *La lengua en la comunicación política (II): La palabra del poder* (3ª ed.).
65. MEDINA LÓPEZ, J.: *Historia de la Lengua Española (I): el español medieval* (4ª ed.).
66. GARCÍA MOUTON, P.: *Cómo hablan las mujeres* (3ª ed.).
67. CASTELLÓN ALCALÁ, H.: *Los textos administrativos*.
68. REYES, G. y otros: *Ejercicios de pragmática (I)* (3ª ed.).
69. REYES, G. y otros: *Ejercicios de pragmática (II)* (3ª ed.).
70. CARRASCO GUTIÉRREZ, Á.: *La concordancia de tiempos*.
71. RUIZ GURILLO, L.: *Las locuciones en el español actual*.
72. LÓPEZ BOBO, Mª J.: *La interjección*.
73. RUIZ GURILLO, L.: *Ejercicios de fraseología*.
74. TESO MARTÍN, E. del: *Compendio y ejercicios de semántica (I)*.
75. GALÁN RODRÍGUEZ, C. y J. MONTERO MELCHOR: *El discurso tecnocientífico: la caja de herramientas del lenguaje*.
76. CUETO VALLVERDÚ, N. y Mª J. LÓPEZ BOBO: *La interjección*.
77. FERNÁNDEZ LEBORANS, Mª J.: *Los sintagmas del español (I): el sintagma nominal* (2ª ed.).
78. LOUREDA LAMAS, Ó.: *Introducción a la tipología textual* (3ª ed.).

79. Pons Bordería, S.: *Conceptos y aplicaciones de la Teoría de la Relevancia.*
80. Marín, R.: *Entre ser y estar.*
81. Martín Camacho, J. C.: *El vocabulario del discurso tecnocientífico.*
82. Gómez Capuz, J.: *Préstamos del español: lengua y sociedad.*
83. Robles Ávila, S.: *Realce y apelación en el lenguaje de la publicidad.*
84. Gómez Capuz, J.: *La inmigración léxica.*
85. Fernández Leborans, Mª J.: *Los sintagmas del español (II)* (3ª ed.).
86. Santiago Guervós, J. de: *Principios de comunicación persuasiva* (3ª ed.).
87. Vinagre Laranjeira, M.: *El cambio de código en la conversación bilingüe: la alternancia de lenguas.*
88. Gumiel Molina, S.: *Los complementos predicativos.*
89. Hidalgo Navarro, A.: *Aspectos de la entonación española: viejos y nuevos enfoques.*
90. Calvi, Mª V.: *Lengua y comunicación en el español del turismo.*
91. Montero Curiel, P.: *El extremeño.*
92. Sánchez López, C.: *El grado de adjetivos y adverbios.*
93. Ramírez Luengo, J. L.: *Breve historia del español de América* (4ª ed.).
94. Teso Martín, E. del: *Compendio y ejercicios de semántica (II).*
95. Fuentes Rodríguez, C. y E. R. Alcaide Lara: *La argumentación lingüística y sus medios de expresión.*
96. Morimoto, Y. y Mª V. Pavón Lucero: *Los verbos pseudo-copulativos del español.*
97. Fuentes Rodríguez, C.: *Sintaxis del enunciado: los complementos periféricos.*
98. Santiago Guervós, J. de: *El complemento (de régimen) preposicional.*
99. Sanmartín Sáez, J.: *El chat. La conversación tecnológica.*
100. Leonetti, M.: *Los cuantificadores.*
101. Romero Morales, J.: *Los dativos en español.*
102. Bajo Pérez, E.: *El nombre propio en español.*
103. Rodríguez Ramalle, Mª T.: *Las formas no personales del verbo.*
104. Ahern, A.: *El subjuntivo: contextos y efectos.*
105. Aguilar Escobar, G.: *Los diccionarios electrónicos del español.*
106. Escribano, A.: *Las voces del texto como recurso persuasivo.*
107. González Rodríguez, R.: *La expresión de la afirmación y la negación.*
108. Cuenca, Mª J.: *Gramática del texto.*
109. Regueiro, Mª L.: *La sinonimia.*
110. Aguilar, L.: *Vocales en grupo.*
111. Gallego, Á. J.: *Sobre la elipsis.*
112. Pavón Lucero, Mª. V.: *Estructuras sintácticas en la subordinación adverbial.*
113. Cervera Rodríguez, Á.: *La oración: estructura y funciones.*
114. Tordera Yllescas, J. C.: *El abecé de la Lingüística computacional.*
115. Santiago Guervós, J. de: *Estrategias para el análisis sintáctico* (3ª ed.).
116. Gómez Seibane, S.: *Los pronombres átonos (le, la, lo) en el español.*
117. Albelda Marco, M. y Mª J. Barros García: *La cortesía en la comunicación.*
118. Quintana Hernández, L.: *Construcciones recíprocas.*
119. Gómez Seibane, S.: *Los pronombres átonos (le, la, lo) en el español: aproximación histórica.*
120. García Fernández, L.: *El tiempo en la gramática.*
121. Mancera Rueda, A. y A. Pano Alamán: *El español coloquial en las redes sociales.*
122. Fernández Jaén, J.: *Principios fundamentales de semántica histórica.*
123. Martín García, J.: *La formación de adjetivos.*
124. Cabezas Holgado, E.: *La preposición I.*

125. BARRIOS RODRÍGUEZ, Mª A.: *Las colocaciones del español.*
126. CABEZAS HOLGADO, E.: *La preposición II.*
127. DUQUE, E.: *Las relaciones de discurso.*
128. DOMÍNGUEZ GARCÍA, Mª N.: *Organizadores del discurso.*
129. VATRICAN, A.: *El condicional en español.*
130. FERNÁNDEZ-MONTRAVETA, A. y G. VÁZQUEZ: *Las construcciones con* se *en español.*
131. PASTOR, P.: *La deixis locativa y el sistema de los demostrativos.*
132. BRAVO, A.: *Modalidad y verbos modales.*
133. ROBLES ÁVILA, S.: *Niños y niñas en la publicidad infantil: estudio lingüístico diferenciado.*
134. CABEZAS HOLGADO, E.: *Las expresiones colectivas en español.*
135. CORTÉS RODRÍGUEZ, L.: *Cómo hacer una exposición oral.*
136. REGUEIRO, Mª. L.: *La meronimia.*
137. LÓPEZ GARCÍA, F.: *Predicados inacusativos en español.*
138. CABEZAS HOLGADO, E.: *Las construcciones apositivas en español.*
139. FERNÁNDEZ JAÉN, J.: *El abecé de la lingüística cognitiva.*
140. FERNÁNDEZ MARTÍN, P.: *Las perífrasis verbales del español: una perspectiva histórica.*
141. MASID BLANCO, O.: *La metáfora.*
142. SILVAGNI, F.: *La gramática de* ser *y* estar.
143. PONTRANDOLFO, G.: *Lingüística textual y discursos de especialidad: perspectivas de análisis.*
144. VELA DELFA, L. y L. CANTAMUTTO: *Los emojis en la interacción digital escrita.*
145. CABEZAS HOLGADO, E.: *La coordinación.*
146. LÓPEZ GARCÍA, F.: *Causatividad y tipos de causas.*
147. AINCIBURU, Mª. C.: *La metonimia.*
148. GALLEGO, A. y E. GUTIÉRREZ RODRÍGUEZ: *Trabajando el* Glosario de términos gramaticales. *Ejercicios reflexivos y competenciales.*
149. CORTÉS RODRÍGUEZ, L.: *El discurso político: comentario y ejercicios (I)*
150. CORTÉS RODRÍGUEZ, L.: *El discurso político: comentario y ejercicios (II)*